KB070656

당신은
경찰에 어울리는
사람입니다

당신은 경찰에 어울리는 사람입니다

초 판 1쇄 2023년 04월 07일
초 판 2쇄 2024년 01월 09일

지은이 황정용
펴낸이 류종렬

펴낸곳 미다스북스
본부장 임종익
편집장 이다경
책임진행 김가영, 박유진, 윤가희, 이예나, 안채원, 김요섭, 임인영

등록 2001년 3월 21일 제2001-000040호
주소 서울시 마포구 양화로 133 서교타워 711호
전화 02) 322-7802~3
팩스 02) 6007-1845
블로그 http://blog.naver.com/midasbooks
전자주소 midasbooks@hanmail.net
페이스북 https://www.facebook.com/midasbooks425
인스타그램 https://www.instagram/midasbooks

ISBN 979-11-6910-200-1 03190

값 16,800원

미다스북스는 다음세대에게 필요한 지혜와 교양을 생각합니다.

경찰하기 특강 1교시

당신은
경찰에 어울리는
사람입니다

황정용 지음

미다스북스

건국대학교 경찰학과 교수 이웅혁

경찰 현장의 풍부한 경험을 갖고 있는 저자가 대학 교수가 되어 미래 경찰을 희망하는 젊은이들에게 일정한 메시지를 전달하려는 시도 자체가 울림이 크게 느껴집니다. 본서에는 20여 년의 경찰 경험과 교수로서의 지식 탐구를 병립한 저자의 전문성이 녹아 있고, 경찰을 바라보는 따뜻한 시각과 애정도 느껴집니다. 특히 현재 서점에 나와 있는 편향된 시각으로만 경찰을 바라보는 소개서와는 달리 본서는 균형 잡힌 관점으로 경찰 전반을 소개하고 있습니다. 입시 사정 업무를 할 때 경찰학과를 지원한 학생들이 경찰 비판에 치중한 책만을 읽는다는 우려가 해소되었습니다. 이외에 본서는 경찰 관리 및 범죄학 이론을 적절히 활용하여 서술하고 있기에 경찰에 대한 체계적 이해 또한 높여주는 좋은 책이라고 생각합니다.

CJ ENM, tvN 〈고독한 훈련사〉 PD 이종형

제가 저자를 처음 만난 때는 2005년 겨울이었습니다. 당시 저자는 청소년위원회라는 국가기관에서 선행 청소년들을 이끌고 해외 인문학 탐방을 하는 인솔자였고 저는 영상 콘텐츠를 제작하고자 동행한 PD였습니다. 경찰 경위라는데 앳된 얼굴에 모범생 같은 모습은 솔직히 '이분이 정말 경찰 맞나?' 싶었습니다.

마침 이 책은 누구나 경찰관이 될 수 있고, 할 수 있다는 메시지를 담고 있습니다. 저자는 20년 넘게 경찰로서 성실히 일했고, 대학교수로 이직해서도 박수 받는 경찰로 남기를 원하는 분이기에 이 책을 집필할 수 있었던 것 같습니다.

'경찰 못할 성격이란 없다'는 책 속의 문구가 기억에 남네요. 저도 '피디 못할 성격'이라고 들어본 적이 있어서요. 본인의 성격이 경찰과 맞지 않는다고 고민하는 학생들에게 경찰이 될 수 있다는 희망을 주고, 의지를 갖게 합니다.

경찰을 희망하는 독자들에게 온 맘을 다해 일독을 권합니다.

당신은 경찰에 어울리는 사람입니다

경찰을 하고자 하는 분들에게 전하고자 저자의 소중한 자산을 아낌없이 담은 책입니다. 경찰이 되기 위해 무엇을 준비해야 할지를 이해하기 쉽게 설명하고 있음은 물론, 경찰의 조직 문화와 직무 여건 등도 알기 쉽게 말해주고 있고, 앞으로 발전할 경찰의 모습도 그려내고 있습니다. 특히 저자가 경찰로 경험한 여러 사례들이 책 곳곳에 스며들어 있어 경찰 근무 중의 사명감, 뿌듯함을 간접적으로 느낄 수 있게 해주고 경찰 근무의 애로도 알 수 있게 해줍니다. 저도 경찰을 그만두고 변호사로 이직했지만 여전히 경찰을 사랑합니다. 쉽지만은 않은 유튜브 채널을 계속 운영하고 있는 것도 그런 이유이고 구독자가 3만을 향해 가는 것도 이런 퇴직 경찰관의 마음을 이해해서 아닐까 생각합니다. 경찰을 그만두고 교수로 이직한 저자에게도 저와 같은 마음이 느껴집니다. 경찰을 하고 싶다면 꼭 읽어보시기를 추천드립니다.

저는 멋진 제복과 공무원의 안정성을 보고 덜컥 경찰 조직에 들어갔습니다. 경찰에 대한 이해가 부족했던 제게 경찰대학은 경찰로서 가져야 할 소양과 사명감을 불어넣어주었습니다. 나름 바람직한 경찰로 일할 수 있겠다고 생각하고 나온 경찰의 현실은 생각보다 녹록하지 않았습니다. 하지만 제가 찾아준 아이 한 명은 한 가정을 구하는 일이었고, 제가 막은 범죄 한 건은 한 지역을 구하는 일이었습니다. 일하는 하나하나가 보람으로 이어지는 고귀한 경험을 20년 넘게 하였습니다. 그만큼 일했으니 나름 경찰로서의 전문성도 있다고 자평합니다.

그리고 저는 대학교로 둥지를 옮겼습니다. 여전히 저의 젊은 날을 책임져주었던 고마운 경찰과는 불가분(不可分)의 관계입니다. 이제는 경찰을 연구하고 경찰이 되려는 젊은이들을 양성하기 때문입니다. 경찰로 멋지게 살고 싶어 하는 젊은이들을 보며 제 젊은 시절을 떠올립니다. 저 또한 그랬으니까요. 그런데 꿈꾸었던 경찰을 해도 되나 고민하는 학생들도 있음을 알게 되었습니다. 능력이 부족해서가 아니라 '나'라는 사람 자체가 경찰에 맞지 않는다고 재단한 것입니다. 과연 그럴까요?

이 책은 당신이 경찰에 어울리는 사람이라고 말합니다. 경찰에 대한 기본적인 이해와 사명감만 있다면 아무것도 문제되지 않음을 강조합니다. 경찰 하기 특강 1교시답게 경찰이 되려면 무엇을 준비해야 할지, 일할 여건은 어떠한지, 조직 문화는 어떠한지도 알려드립니다. 시대의 변화에 맞춰가는 경찰의 모습도 보여드립니다. 그래도 시대 변화가 정말 빠르다 보니 조금만 더 나아졌으면 하는 바람으로 경찰의 나아갈 길을 제시합니다. 마지막으로 제가 20년간 경험했던 실제 사례들을 토대로 보람찬 경찰의 일상을 느낄 수 있게 해드립니다.

이 책을 통해 오늘도 사명감으로 전국의 치안 현장을 누비는 경찰관 분들에게 우선 경의를 표합니다. 경찰이 되고자 하는 모든 분들에게는 합격의 영광을 떠올리며 의지를 불태울 수 있는 촉매제 역할을 하겠습니다. 혹시나 경찰을 해도 되나 고민하는 분들에게는 새로운 결심을 할 수 있는 리부팅 버튼이 되겠습니다.

2023년 4월, 황정용

목차

I. 당신은 경찰에 어울리는 사람입니다

II. 폴리스 라인 안으로 들어가기

III. 변하는 시대에 맞춰나가는 경찰 조직

IV. 경찰을 생각하다

V. 우리 주변을 안전하게 지키는 경찰 현장

VI. 나보다 어려운 사람을 지키는 경찰 현장

I

당신은
경찰에 어울리는
사람입니다

경찰 너머의 경찰을 보다

"우리 비행기는 부산 김해국제공항에 착륙하였습니다." 기내방송이 흘러나왔다. 부산 강서구 대저동에 위치한 김해국제공항. 왜 부산에 있는데 김해공항인가 찾아봤다. 그리고 신설 당시에는 공항의 행정구역이 김해였음을 알게 되었다. 서울 강서구 공항동에 있는 김포공항이 그리 불리는 이유와 흡사했다.

여하튼 나는 부산에 오게 되었다. 2021년 8월, 40대 중반이 될 때까지 여행으로 단 두 번만 밟았던 땅이었다. 하지만 방문 목적은 이전과 달랐다. 부산 소재 대학교에 정식 임용을 앞두고 준비차 간 것이었다. 당시 나의 공식 신분은 경찰. 경찰로서 20년 6개월 생활을 접고 8월 말일자 명예퇴직 허가를 받은 상태였다.

경찰을 그만둘 당시 주변에서는 잘한 선택이 아닌 것 같다고 말씀해주시는 분들이 있었다. 당시 인천경찰청 계장(경정)으로 5년 넘게 일하고 있었기 때문에 현실적으로 다음 계급 심사승진(총경)에 도전해본 뒤 이직해도 늦지 않는다고 하였다. 하지만 나는 수년간 나에게 매일같이 묻고 있었다. 소위 '자아 성찰'이었다. 나의 내적 동기를 중심으로 경찰을 개선할 의지가 생긴 직후부터 그런 생각을 하기 시작했다. 사실 나는 경찰이 된 이후, 승진이라는 외적 동기에 의해 직무를 계속하고 개선할 의지를 부여받았다. 하지만 20년이 지나자 그 의지를 지속할 동력이 현저히 떨어졌다고 판단했다. 승진이라는 외적 보상만으로 내 역할을 지속하기에는 한계가 있었던 것이다. 결국 경찰에 대해 연구하고 예비경찰을 양성하는 역할을 훨씬 잘해낼 수 있다는 결론에 도달했다. 그 결론은 경찰학 공부를 하면서 느낀 즐거움과 경찰 직무에 대한 연구의 가치, 즉 내적 동기로부터 나왔다.

경찰에 입직할 당시 나는 경찰대학에서 배운 경찰 직무의 숭고함과 사회 기여의 가치에 매료되었다. 그리고 '제복을 입고 국가가 부여해준 공권력을 통해 범인을 잡는 나, 범죄가 무엇인지도 모르는 일반 시민들의 어려움을 해결해주는 나'를 꿈꾸었다. 하지만 그 꿈은 오래가지 못했다.

2000년대 초반만 해도 경찰 조직의 문화는 꽤 경직적이었다. 일을 하면서 개인의 생각은 거의 반영될 여지가 없었다. 무력한 일개 경찰관일 뿐이라는 생각에 초심은 퇴색했다. 공허함을 채워줄 보상으로 남들 눈에 보이는 승진을 선택했다. 계급이 올라가고 내가 담당하는 직무와 권한이 커지면 해결되리라 믿었다. 하지만 보상의 효과는 오래가지 않았다. 경감으로, 경정으로 진급하고 나서도 승진의 기쁨은 잠시뿐이었다. 직무상 권한은 내 상사의 의견과 다르면 여전히 행사하기 어려웠다. 게다가 치열해지는 다음 계급으로의 승진을 어떻게 이룰까 하는 걱정은 내내 나를 괴롭혔다. 이런 마음가짐으로는 보상을 또 받는다 해도 도돌이표처럼 같은 상황이 반복될 터였다. 경찰에 대한 개선 의지를 잃어버린 채 승진만을 바라보는 나라면 나 이외 어느 누구에게도 쓰임받는 경찰이 될 수 없었다.

마침 나에게 성찰의 계기가 찾아왔다. 대학원 과정이었다. 대학 졸업 후 15년 가까이 경찰로서의 성취만을 좇던 나는 2010년대 중반에 이르러서야 학업을 재개했다. 사실 다음 계급의 심사승진에 필요한 가점을 얻기 위해서였다. 그런데 석사과정을 거치며 경찰학에 대한 관심이 높아졌고, 깊이 있게 알고 싶다는 내면의 외침이 들려왔다. 나는 휴식기간 없이 바로 박사 과정을 이었고 연구자의 사회 기여에 다시금 매료되었다. 박사 과정 당시 한 교수님은 이렇게 말씀하셨다.

"교수가 뭐라 생각하세요?"

박사 과정 동기들은 대부분 학생을 가르치는 사람이라 대답했다.

"물론 맞아요. 하지만 교수는 연구자이기도 해요. 연구가 무엇인가요?"

우리는 연구라는 단어를 수도 없이 들었지만 그걸 정의하려니 막막했다.

"특히 사회과학은 주변 현상에서 문제점을 찾고 해결책을 제시하죠. 솔직히 행정부처에서는 우리가 쓰는 논문 다 안 읽어봐요. 제언만 읽지. 그러면 내가 제언 하나 한다고 행정부처에서 정책으로 만들까요? 물론 아니죠. 하지만 수십 명이 더 나아가 수백 명이 같은 문제에 대해 같은 대책이 필요하다고 외치면 그건 정책이 되죠. 교수는 그런 역할을 하는 사람들이에요."

경찰이 내부적으로 나아지고 외부로부터도 신뢰받으려면 개선이 필요하다. 나는 개선을 위해 옳다고 믿는 것을 외칠 수 있는 사람이 되고 싶어졌다. 경찰 내부에서 승진에 목매며 그 생각을 잃었던 나에게 이 길이 한줄기 빛처럼 보였다. 심리학적으로 자기 자신을 모르면 남이 좋다고 하는 길을 따라가게 된다고 한다. 경제학자 케인즈는 심리학과 경제학을 결합한 '미인 투표 이론'을 주장한 바 있다. 미인 100명의 사진을 올린다. 가장 많은 득표를 한 후보에게 투표한 사람에게 부상을 주겠다고 한다. 그러면 사람들은 본인이 아니라 타인의 기준에서 생각하여 투표한다는

것이다. 그는 주식 시장에서도 이러한 원리가 적용된다고 주장했다.[1]

나는 나 자신을 몰랐다. 그래서 나를 채워주기 위한 수단으로 외부적 보상인 승진을 찾았다. 대부분의 사람들이 좋다고 하는 길이었다. 그러나 그 갈증은 해소되기 바쁘게 바로 다음 갈증을 유발했다. 늦게나마 내가 해야 할 역할을 찾은 것 같았다.

다시 김해공항에 내린 여름으로 시계추를 돌려야겠다. 한 장의 달력을 뜯어낸 9월부터 내 신분은 경찰행정학과 교수로 바뀌었다. 경찰에서 또 경찰이 되었다. 정확히 말하면 경찰에서 경찰과 관련 있는 일을 하는 준(準)경찰이 되었다고 할 수 있겠다. 내가 준(準)경찰로 이동하게 된 가장 큰 이유는 앞서 언급했듯이 나의 진정한 내적 동기에 반응하고자 함이었다.

그래서 대학에 온 이후 여러 논문을 발표했다. 경찰 구성원들이 진정으로 초심을 떠올리며 국민의 안전 지킴이 역할을 충실히 수행할 수 있기를 바랐다. 흉기 난동자 앞에서 과감히 물리력을 사용할 수 있기를 바랐다. 그러면서도 선량한 시민이 피해를 입지 않게 사격 여부를 신속하고도 신중하게 판단할 수 있기를 바랐다. 또 선량한 시민을 지속적으로 괴롭힌 가해자를 피해자로부터 격리할 수 있도록 현행범 체포요건을 현실화하기를 바랐다. 그런데 연구 과정에서 일부 경찰이 왜 정당한 조치를 하지 못하고 주저하는지를 들었다. 심리적으로 압박감을 느끼는지에 관해 보다 깊이 있게 들었다. 결국 그러한 요인들이 현장 경찰관들에게 근원적 고민을 주고 있음을 알 수 있었다. 특히 경찰 제복을 입은 지 얼마 되지 않은 젊은 경찰관들에게는 '내 성격이 제복의 무게를 견딜 수 없는가.' 하는 의문을 만들어내고 있었다. '더 늦기 전에 이 직업을 그만두어야 하는가.' 하는 고뇌로도 연결되고 있었다.

대다수의 경찰은 스스로의 안전부터 지키려는 기본적 본능에 역행하며 최선을 다해 일한다. 그들의 어려움이 단순히 경찰관 개인의 성격적 특성에 기인한다는 추론은 온당하지 않다. 그래서 직무에 적응하지 못했다고 결론짓는 것은 더욱 온당하지 않다. 그런 식으로 그들의 사명감이 가치절하되는 것은 싫었다. 그래서 이 글을 쓰기 시작했다. 경찰이 되었으나 네 성격은 경찰과 맞지 않는다는 검증할 수 없는 조언에 휘둘려 스스로를 책망하는 젊은이들이 없기를 바란다. 경찰이 되고 싶으나 네 적성은 경찰이 아니라는 주변의 조언에 의해 도전 의지 자체를 접는 젊은이들이 없기를 바란다. 그리고 경찰은 위험하고 사회적으로 대우받지 못한다는 기성세대의 피상적인 인식에 좌우되어 희망을 포기하는 청소년들이 없기를 바란다. 나는 대학에서 학생들을 가르치는 강의자이기도 하지만 사회 현상을 연구하고 개선 방안을 제시하는 연구자이기도 하다. 나아가서는 내가 몸담았고 내가 연구하는 경찰의 현실을 알려 선한 영향력을 끼쳐야 할 의무가 있는 준(準)경찰이다. 충분한 능력을 갖춘 젊고 우수한 자원들이 검증되지 않은 인식과 소문에 휘둘리지 않고 본인의 꿈을 향해 정진하였으면 한다. 그래서 경찰로 선한 영향력을 펼쳐나가기를 소원한다.

경찰로 예정된 나의 길

시간을 다시 거슬러 가야겠다. 20세기말 1996년까지··· 고등학교 2학년이던 나는 어느 학과를 선택할지 확실히 마음을 정해야 했다. 내가 무슨 일을 하면서 나의 어른 시절을 책임질지, 앞으로 생길 내 가족을 책임질지와 직결되어 있었다. 당시는 인문/자연계 완전분리 체제였고 인문계였던 나는 법학과나 행정학과를 가서 공무원을 해야겠다는 막연한 생각을 갖고 있었다.

그러다가 우연히 알게 된 학교는 경찰대학이었다. 사(私)기업체에 다니셨던 아버지는 수년 전 회사를 그만두신 뒤 본인의 생각대로 일이 풀리지 않았다. 어렴풋이 그 기운을 느끼던 내게 당시의 경찰대는 3가지 의미로 다가왔다. 학비가 면제되는 국립대학, 공무원으로서의 직업이 보장된 대학, 그리고 제복이 멋있는 대학… 나는 경찰이라는 직업에 대한 이해가 제대로 갖추어지지 않은 채 원서를 집어넣었다. 1차 필기시험과 2차 신체검사, 체력측정, 적성검사, 면접까지 통과했다. 하지만 수학능력시험 당일 평소 모의고사에 못 미치는 성적을 내면서 한 달 뒤에 있던 경찰대 최종합격자 발표일까지 긴장을 놓지 못했다. 나는 최종합격자 발표일 오전부터 집 전화기 앞에 붙어 전화를 기다리고 또 기다렸다. 집으로 한 통의 전화가 온 것은 오후가 되어서였다. '드디어'라고 생각하며 떨리는 마음으로 직접 전화를 받았다. 경찰대학이라고 밝힌 그 분은 다행히 내가 120명 중 한 명의 합격생임을 알려주었고 나는 반사적으로 집에 계셨던 어머니를 얼싸안았다. 언제나 내가 하는 일은 옳다고, 잘될 것이라고 무한 신뢰를 보내주신 분이다.

그날 저녁 우리집 관할 파출소의 경찰관 한 분이 집으로 손목시계를 들고 오셨다. 관할 광명경찰서장의 계급장과 이름이 찍힌 시계였다. 나는 계급장이 멋져 보여 상당기간 그 시계를 차고 다녔다. 하지만 경찰이 된 후 나는 다른 각도에서 다른 생각이 들었다. 그 시계는 경찰서장이 관할 파출소에 전달을 지시했을 것이다. 그걸 애송이 고교생에게 직접 주러 온 경찰분의 심정은 과연 어땠을까 싶었던 것이다.

다시 돌아와 다음해 2월 나는 당시 용인에 있던 경찰대학에 입학했다.

하지만 '경찰이 되어서 국민에게 봉사할 사명감에 입학했다.'와 같이 멋드러진 마음으로 간 것은 아니었다. 하늘이 그 정도 마음가짐의 나를 합격시켜 준 대가는 생각보다 가볍지 않았다.

경찰대는 사관학교처럼 예비입학(가입교)이라는 제도가 있다. 지금의 경찰대 예비입학은 일반대학의 오리엔테이션과 큰 차이가 없지만 당시에는 전혀 달랐다. 나는 예비입학에 대해 별다른 정보를 갖고 있지 않았다. 다만 3주간 집에 갈 수 없다는 사실에서 어느 정도 규율과 통제가 있을 것이란 짐작만 하고 있었다. 그래도 광명 집에서 수원역까지 시내버스와 전철을 타고 이동하는 내내 설레임 반, 호기심 반의 심정이었다. 수원역에는 학교 선배로 보이는 사람이 버스 앞에 있었다. 경찰대학 가는 버스가 맞냐 물으니 그렇다고 알려주었다. 당시 선배는 아주까지는 아니었어도 친절했다. 그런데 대학버스를 타고 학교에 내리자마자 분위기는 돌변했다. 수원역에서 말을 걸었던 그 선배를 포함해 '훈련단'이라 불렸던 선배들은 버스에서 내리자마자 목청을 높여 기강을 잡았다. '4열 종대로 빨리 정렬해라.', '슬슬 걷고 놀러온 줄 아느냐.'는 둥… 나는 애초 생각한 분위기가 아님을 깨닫고 긴장하였다. 그들은 나를 포함한 신입생 무리를 체육관으로 이동시키고 사복을 모두 벗긴 뒤 기동복으로 갈아입게 했다. 이미 분위기에 압도된 신입생들은 점심 식사시간 몸에 맞지도 않는 직각 식사를 요구받았는데 이는 손을 수평직각으로 움직이며 식사하는 것을 말한다. 직각을 이루느라 무엇을 먹었는지 기억이 나지 않았다.

당신은 경찰에 어울리는 사람입니다

내 머리는 고등학교 3년간 쭉 스포츠 머리였는데 그날 저녁 학교 내 이발소에 가서 좀 더 짧게 깎아야 했다.

이후 3주간 훈련단 선배들은 아침 점호시부터 밤 취침시까지 상황 가리지 않고 훈련을 실시했다. 내가 대학이 아닌 신병교육대를 왔나 싶은 생각에 밤이 되면 피곤했지만 쉬이 잠들지 못했다. 실제로 두 명의 신입생은 교육기간 중 짐을 싸고 나갔다. 하지만 그 과정이 내게 새로운 깨달음을 준 것도 사실이다. 훈련 후반으로 갈수록 훈련단 선배들은 간간이 미소를 보이기 시작했고 단순한 기합주기식 훈련방식은 동기생 전체의 단합을 도모하는 방식으로 바뀌어나갔다. 훈련 마지막 주에는 팔 벌려 높이뛰기 훈련이 주어졌다. 모든 신입생들이 한자리에 모였고 훈련단장의 입에서는 귀를 의심케 하는 한마디가 흘러나왔다.

"P.T 1,700회, 1,700회 실시합니다. 몇 회?"

170회를 잘못 말한 것인가 싶기도 했지만 훈련단장은 다시 한번 1,700이라는 숫자가 맞음을 각인시켰다. 서로의 얼굴을 쳐다보던 동기생들은 이내 구호에 맞춰 팔벌려 높이뛰기를 시작했다. 체력 차이에 따라 처지는 신입생들이 나왔지만 주변 동기들이 '힘내자'를 외치며 이끌었다. 120명의 동료들이 같이 구호에 맞춰 하다 보니 모두가 따라왔다. 서로에게 힘이 된 것 같았다. 1,700회를 모두 마친 뒤 신입생들의 표정에는 무언가 해냈다는 자신감이 읽혔다. 횟수는 신입생들의 입학기수에 100을 곱해 나온 숫자임을 훈련 직후 알게 되었다. 내 동기생들이 17기였기 때문에 1,700이었다. 입학 이후에도 한동안 이날의 훈련은 동기생 단합이 필요할 때마다 회자되었다. 한편 이 전통은 입학기수가 20기를 넘어가면서 다른 훈련으로 대체되었다고 들었다.

3주간의 훈련은 통제된 환경에서 나를 다스려가는 사실상의 첫 체험이었다고 할 수 있었다. 경찰은 주어진 직무환경에서 국민의 안전을 위해 본능적 두려움을 거스르고 정신적으로 스스로를 다스려야 하는 직업이다. 그러한 차원의 소양을 다지는 목적의 훈련이었으리라 생각한다.

나는 예비입학을 마치고 학교 방침에 따라 기숙사에 들어가게 되었는데 이후의 생활 적응에도 애를 먹었다. 예컨대 수업을 들으러 나가면 부정기적으로 학생회 보직을 맡은 선배들이 기숙사 방을 돌며 정리정돈 상태를 점검했다. 불량한 부분이 있으면 내 자리에는 '지적'이라고 쓰인 쪽지가 놓여 있었다. 그리고 밤에는 지적에 대한 징벌로 훈련을 받았다. 월요일 아침 1교시 수업을 들으러 갈 때에는 전교생이 모두 모여 학과출장을 했다. 기숙사에서 강의동까지 단체 이동을 했는데 그 전에 항상 보직 선배들의 복장 점검이 있었다. 전날 밤 이에 대비해 수업복장인 근무복을 세탁하고 다림질을 하지만 서투른 다림질 때문에 자주 지적을 받았다. 이는 어김없이 야간 훈련으로 이어졌다. 가끔은 '전반적인 생활 불량'을 이유로 기수 전체가 야간 훈련을 받기도 했다. 경찰업무와 직접적인 관련이 있어 보이지는 않지만 이 또한 나를 다스리는 하나의 과정이었다고 생각한다. 그 전까지는 부모님이 해주시는 밥 먹고 빨아주시는 옷 입고 청소해주시는 방에서 공부만 하면 되었다. 그 학교에 입학할 수 있었던 것은 내가 잘해서가 아니라 부모님의 지원과 희생이 있었기 때문임을 깨우쳐준 것이었다. 여하튼 내가 학창생활을 할 당시의 이야기이며 지금은 이런 식으로 기강을 잡지 않는다.

경찰대학생은 경찰이 되기 때문에 졸업 전 경찰에 대해 이해해야 한다. 그리고 경찰로서의 마인드도 확립해야 한다. 그래서 학교는 나처럼 경찰에 대한 이해가 되어 있지 않은 학생들을 4년 안에 경찰로 만들고자 했다. 평일에는 행정학, 법학, 경찰학 등 정규교과 수업을 받았다. 그런데 당시는 주 6일제여서 토요일 오전에도 교육이 있었다. 그날은 정규교과와 전혀 다른 교육을 받았다. 주로 경찰 선배들의 교양, 외부 강사 초청 특강, 제식훈련 등이었다. 이 중 특히 경찰 선배들의 교양이 기억나는데 일선현장에 근무하는 분들도 꽤 오셨다. 지금 생각해보면 경찰로서의 마인드를 확립하기 가장 좋은 교육 시간이었다. 미디어로 접했던 형사만이 경찰의 전부가 아니란 것을 알았다. 수사경찰이 범죄를 입증하고자 검토하는 방대한 자료에 새삼 놀랐다. 파출소 경찰이 본인의 위험을 감수하고 피의자와 빈번하게 대치하는 현상도 접할 수 있었다. 졸업생이 어느 보직을 받고 어느 일을 하든지 본인이 속한 조직의 전반적 현상을 알고 있어야 한다. 그래야 구성원의 노고를 이해할 수 있다. 나아가 국민이 원하는 바를 정확히 파악하고 요구를 충족시킬 수 있다.

학교 교수님들도 학생들이 경찰로서의 역량을 갖출 수 있도록 성의 있게 교육하고 지도하셨다. 나는 특히 2학년 여름학기의 권총 사격시간을 잊지 못한다. 학칙상 일정 점수 이상을 획득해야 졸업이 가능했다. 대다수 동기들은 이미 1학년 계절학기에 기준점을 넘어섰지만 나는 탄착군을 형성하지 못한 채 표적지 사방에 탄환이 박히고 있었다. 더 곤란했던 것은 중학교 동창과의 조우였다. 당시 경찰대학에는 경찰청 의장대 막사가 있었다. 의장대는 군복무차 들어온 전경들 중 키가 크고 외모가 출중한 이들로 구성되어 있었다. 의전 행사에서 멋진 예복을 입고 총을 든 채로 제식시범을 보이는 것이 그들의 역할이었기 때문이다. 하지만 행사가 없는 여름학기에는 이들 중 일부가 대학생 사격시간에 동원되었다. 사격 통제관을 도와 표적지를 배부하고 탄피를 수거하는 보조업무를 하기 위해서였다. 그런데 하필 그중 한 명이 중학교 때 같은 반 친구였던 것이다. 당연히 우리 둘은 서로를 알아봤다. 내가 20개 사격 사로 중 1개 사로에 서자 의장대원들이 모두 내 뒤편에 몰려왔음을 느꼈다. 그 친구가 대원들에게 나와의 관계를 알린 모양이었다. 안 그래도 사격 점수 안 좋은데 '엎친 데 덮친 격'이었다. 사격 종료 이후 내 친구의 표정에는 말로 설명하기 어려운 곤란함이 덮여 있었다. 다음날 사격장에 나가자 친구가 살며시 다가왔다. 그리고 한마디를 건넸다.

"네가 오늘 기준점 넘는지 가지고 우리끼리 내기했다. 난 넘는다에 걸었다."

부담 백배였다. 그러나 사격 실력이 그 말 한마디에 늘 리 없잖은가…

역시나였다. 그때 사격 교수님의 보우하심이 시작되었다. 교수님은 의장대원들의 지나친 관심에 그 이유를 확인하신 모양이었다. 나를 비롯해 기준점을 넘기지 못한 몇 명의 학생들을 따로 남겨 재사격 기회를 주셨다. 그리고는 내 뒤에 서셨다. 내 연습사격 몇 발을 가까이서 보신 교수님은 내 문제를 정확히 짚어내셨다.

"의식적으로 방아쇠를 당기고 있잖아. 1+1+1… 천천히 당겨봐. 무의식적으로 격발한다는 느낌으로. 오른손 검지 힘도 부족해. 조금만 더 깊이 넣어봐."

그리고 연습사격 몇 발을 더 지도해주셨는데 놀랍게도 탄착군이 형성되기 시작했다. 가능성을 확인한 교수님은 나머지 수업을 하는 학생들 모두에게 점수가 기록될 기록사격 기회를 주셨다. 그리고 난 그날 기준점을 훌쩍 넘었다.

한편 학교는 학칙을 엄하게 규율하고 학생들에게 적용했다. 경찰로서의 자질이 없다고 판단되면 극단적인 처분까지 불사했다. 기숙사에서 학생의 물건이 없어졌다 하면 지도교수들은 경찰관으로서의 업무경험을 바탕으로 조사에 나섰다. 그리고 훔친 학생을 찾아냈다. 경찰의 임무를 정면으로 위반하였으니 퇴교조치가 당연하다며 그를 내보냈다. 경찰법에는 국민의 생명과 신체 및 재산의 보호를 경찰의 임무로 명시하고 있다. 동기생회에서는 그렇게 짐을 싼 학생에 대해 제명으로 뜻을 이었다.

2학년 2학기 때였다. 당시 나는 '과 대표' 역할을 맡았다. 나는 활발하게 남들과 어울리며 분위기를 이끄는 유형이 아니다. 그냥 '성실하다'는 평을 들으며 조용히 묻혀 살아가는 유형에 가까웠다. 그럼에도 경찰대학의 특수한 제도 때문에 과 대표가 될 수 있었다. '명예위원회'란 학생 자치기구의 존재 때문이었다. 학칙에는 매학기 법학과와 행정학과 각 학과별로 한 명의 명예위원을 선출하고 그가 과 대표를 겸임하도록 규정되어 있었다. 명예위원은 학생들 사이에 교칙 위반 등 문제행위가 발생하지 않도록 분위기를 형성하고 필요할 때에는 후배들을 교육하는 역할을 한다. 나는 동기생 선거에서 명예위원의 역할에 적임이라고 판단되어 뽑힌 듯 했다.

2학년 명예위원이다 보니 동기를 대신해 3, 4학년 선배 명예위원회나 기타 보직 선배들에게 불려가 훈련받는 경우가 많았다. 주로 선배들이 동기들의 전반적인 생활태도에 문제가 있다고 판단할 때 그러했다. 반대로 1학년 후배들에게는 내가 훈련을 부과하는 역할을 해야 했다. 충분히 할 수도 있는 작은 교칙 위반을 이유로 1학년 후배에게 힘든 훈련을 주었던 기억이 있다. 당시 훈련 이후 마음이 불편해 따로 그를 불렀다. 그리고 자판기 음료수를 꺼내 주며 위로를 하였다. 하지만 후배의 마음이 다 풀렸으리라 생각하지는 않는다. 지금 생각해보면 '그때 왜 그랬을까.' 후

회된다. 육체적 훈련으로 상황을 개선하는 것은 가장 하위 수준의 수단으로 목적을 이루는 것이다. 당시에는 효과 있어 보이지만 얼마 안 가 사라지는 가장 휘발성 강한 수단이다. 나이가 들며 보다 고차원적인 설득과 솔선수범이 있어야지만 장기적인 효과를 담보할 수 있음을 깨달은 듯하다.

수업 시간에는 과 대표로서 정규 교과목을 강의하시는 교수님들과 동기들간의 관계 유지에 신경 써야 했다. 우리 동기들의 수업 태도는 각자 차이가 컸다. 정말 열심히 듣는 동기도 있지만 전날 밤의 훈련을 핑계삼아 꾸벅꾸벅 조는 동기도 있었다. 1교시 수업이었는데 교수님이 수업 도중 갑자기 얼굴이 붉어지더니 강의실 문을 확 열고 나가셨다. 무슨 상황인지 이해할 수 있었다. 혹시나 마음을 가라앉히고 돌아오시려나 몇 분 기다려봤지만 강의실 문은 닫힌 상태 그대로였다. 결국 나는 교수님 연구실로 찾아가 죄송함을 표했다. 다행히 그분의 얼굴은 이미 평온해져 있었다. 교수님은 나의 사과를 듣고 바로 강의실로 돌아오셨다. 교수님은 외국 유학을 마치고 돌아온지 얼마 안 된 시기였는데, 그런 후학들의 모습이 당황스러우셨을 것이다.

그런데 더 신경써야 할 분들은 외래교수님들이었다. '경찰대학생들은 초롱초롱한 눈빛으로 열심히 듣겠지.' 생각하고 오셨다가 한 학기 강의해보고는 실망하는 경우가 많다는 여론을 학교본부 교무과로부터 들었다. 실제로 한 교수님이 중간고사 지나 나에게 개인적으로 불만을 토로하신 바 있었다. 동기들에게 선배가 아닌 동기로서 '잘해보자'는 권유와 다짐 외에 딱히 하지는 못했다. 하지만 그런 처지를 아셨는지 그분은 예정된 마지막 과제 제출 직전 공개적으로 나를 배려해주셨다.

"과 대표의 집요한 부탁으로 과제 제출을 철회하겠습니다."

동기들은 나를 보며 엄지를 들어주었다. 당시 친한 동기 몇 명에게는 이야기했지만 이제는 모두에게 말할 수 있다.

"사실 나는 그런 부탁을 하지 않았다."

이렇듯 나는 대학생 초반 적응에 애로를 겪으며 내가 경찰로서 잘할 수 있을까 하는 고민이 많았다. 하지만 고민을 접고 차차 경찰이 되어갈 준비를 할 수 있었다. 경찰로서의 역량을 키워주고 공직의식을 불어넣어 준 학교 교수님들의 노력 덕분이었다.

경찰을 하고 싶은 이유

　고등학생 시절의 내가 경찰의 길을 선택한 가장 큰 이유는 직업적 안정성 때문이었다. 그래서일까 경찰 조직 안에 있을 때에는 청년들이 경찰이 되려는 가장 큰 이유를 공직의 안정성으로 여겼다. 기성 경찰들도 비슷하게 추측했다. 그런데 대학 교수로 경찰행정학과에 오며 생각이 바뀌었다. 젊은이들이 경찰 제복을 입으려 하는 이유는 그리 간단하지 않았다. 지금 생각해보면 예전의 나를 비롯한 기성 경찰들이 초심을 잃고 세태에 물들었기 때문에 그런 단순한 셈법에 갇혔으리라.

　학계는 꾸준하게 신임경찰관의 입직동기를 연구해왔다. 연구마다 차이는 있으나 '시민에 대해 봉사하며 사회에 공헌하는 것'이 높은 동기요인으로 나타난 결과가 많다. 보수나 신분 안정 등으로 대별되는 '직업적 안정성'보다 더 높다. MZ세대라 불리는 젊은이들은 상대적으로 주변 시선을 크게 의식하지 않는다. 본인의 가치관을 고수하고자 하는 경향도 강하다. 연구결과는 이와 무관치 않다고 보여진다. 다만 '직업에 대한 동경'보다는 '직업적 안정성'이 대체로 높은 입직동기로 나타나 현실적인 요소 또한 간과하지 않음을 알 수 있다.

앞서 언급한 결과들은 실제와 상당히 일치하는 것으로 보인다. 지도학생 면담이나 수업 진행 중에 느낀 바로는 그렇다. 전임교원에게는 지도학생들이 배정되어 주기적으로 면담을 한다. 들어보니 학생들의 주된 관심사는 경찰 채용 시험 합격, 일단은 1차 필기시험 합격이다. 하지만 나는 시험준비와 관련된 이야기가 끝나면 화제를 조금 바꾼다. 가족이나 친척 중에 경찰관이 있어서 영향을 받은 것인지, 본인이 하고 싶은 게 맞는지, 왜 하고 싶은지 등으로 말이다. 생각보다 직업적 안정성을 이야기하는 학생들은 많지 않았다. 교수 앞에서 행여 속세적으로 보일까 봐 이야기하지 않는 것일 수도 있다 싶었다. 그래서 살짝 물었다.

"정년도 보장되고 공무원이라 신분도 안정적이고 좋잖아?"

이리 물으면 학생들은 부정하지 않았다. 하지만 상당수 학생들이 이 화제를 길게 유지하고자 하지도 않았다. 대답의 톤이나 자세에서 그닥 진정성이 느껴지지 않았다. '아직 본격적으로 돈을 벌어보지 않아서일까?', '아르바이트는 많이 하던데.', '결혼을 안 해서 아직 안 부족한 건가?' 등등의 생각을 해봤다. 하지만 이는 지극히 부차적인 요인 정도에 불과했다.

대신 많이 들은 답은

"범인 잡는 것 정말 해보고 싶어요."

"나보다 어려운 사람 돕고 싶어요."였다.

이런 이야기를 하면서 학생들의 상체가 앞으로 나온다. 본인이 먼저 체포 권한, 업무 중 봉사할 기회 등을 질문하기도 했다. 이 주제에서 벗어나지 않겠다는 의도였다. 전반적으로 경찰행정학과 학생들답게 사회 공헌에 대한 의지, 경찰에 대한 직무 동경이 꽤 자리잡고 있었다. 남학생 중에는 특히 꼭 집어 '형사'를 해보고 싶다는 학생이 많았다. 여학생 중에는 '여성청소년과'에 들어가 가정폭력이나 학교폭력, 성폭력 등을 다뤄보고 싶다는 학생이 다수 있었다. 사실 경찰 안에서는 인기 보직들이 아니다. 나는 그러한 현실을 이야기해주기도 하였다. 하지만 이 대목에서 대다수 학생들은 다시 고개를 젖히고 의자에 살짝 기댔다. 그런건 중요하지 않다는 표현이었다.

뿌듯했다. 대학에 막 입학한 신입생들은 '경찰이 되고 싶다'고 말한다. 이것은 아직 그가 가진 꿈에 지나지 않는다. 경찰이란 직업에 초점이 맞추어져 있을 뿐 경찰이 되어 무엇을 하고 싶은지 눈에 보이는 그림이 없다. 그런데 이 신입생들이 2년, 3년 지나며 구체적으로 하고 싶은 일들이 생긴다. 이 단계에 있는 학생들은 이렇게 말한다. '국가와 국민을 위해 쓰임받는 경찰이 되고 싶다.'라고. 이제 그들이 가진 것은 꿈을 넘어 사명감이다. 경찰로서 어떻게 임해야 할 것인지를 알려주는 원칙이자 윤리 말이다. 경찰관에게 사명감이 있어야 경찰 조직의 비전을 달성할 수 있다. '국민의 안전을 지키는 경찰'이라는 조직의 비전, 경찰법상 경찰의 제 1번 임무 말이다.

하지만 이런 학생들만 있지는 않다. 경찰 준비 그만하고 다른 공직시험을 보겠다고 한 학생들이 있었다. 이때는 이렇게 물었다.

"경찰이 왜 하고 싶지 않아졌니?"

그에 대한 첫 대답을 들으면 붙잡아서라도 경찰 준비를 하게 설득할지, 아예 원하는 대로 방향을 틀도록 할지 답이 나온다. 후자(後者)라고 100% 확신하는 답은 이거였다.

"경찰 너무 힘든 직업 같아요. 저랑 안 맞습니다."

나는 학생들에게 '경찰 못할 성격이란 없다'고 이야기를 자주 한다. 하지만 경찰을 하고 싶은데 성격이 맞지 않는다는 고민과 경찰이 힘들어 맞지 않는다는 고민은 엄연히 다르다. 왜 힘들다고 생각하는지 물으며 이야기를 이어갔다.

"제가 신고받고 나가면 위험한 상황에서 사람들을 구해야 할 때가 있겠지요. 전혀 자신이 없습니다."

"내근직이라고 해도 결국 범죄를 막고 제압하는걸 행정적으로 도와야 하지 않습니까. 그런 일 하고 싶진 않습니다."

경찰 못할 성격이란 없다. 하지만 사명감 없이 진정한 경찰이 되기는 불가능하다. 남들은 물러서더라도 나는 맞서 싸워야 하는 경찰 현장, 그 현장에서 버틸 수 있게 하는 힘이 사명감이다. 그래서 사명감은 경찰 현장의 또다른 이름이다. 사명감이 없다면 채용 시험에 합격하더라도 금방 이직을 고려하게 된다. 국민 입장에서도 내가 한 112 신고에 그런 경찰관이 출동한다 생각하면 결코 유쾌하지 않다. 차라리 합격하지 않았으면 좋았을지도 모른다.

이를 대학 생활 중에 깨달았으니 이 학생들은 자신에 대한 성찰에 일찍 성공했다고 볼 수 있다. 나는 깨달을 수 있는 힘 자체를 칭찬하며 방향을 틀도록 권해주었다.

우리는 누구나 경찰에 어울리는 사람이다

대학생들과 면담을 하다 보면 이런 이야기를 꽤 많이 한다. 경찰행정학과에 들어와 공부해왔는데 경찰 해도 될지 걱정이라고 한다.

"요새 경찰이 되어야 할지 고민입니다."

"왜? 시험준비가 어려워서 그러니?"

"물론 쉬운 것은 아니지만, 제 성격상 경찰이 안 맞는 것 같아서 그렇습니다."

"왜 안 맞는다고 생각해?"

"경찰하려면 성격도 활발해야 하고 밖으로 다니면서 사람들 만나는 거 좋아해야 하죠. 힘도 세야 하고요. 저는 그런 쪽이 아니라서요."

이때부터 나는 사실상 1:1 강의를 진행한다. 경찰 내에 다양한 부서가 있음을 알려주면서 강의 시작이다. 대도시 경찰서를 기준으로 치안책임자인 경찰서장(총경) 아래에 10여 명의 과장(경정)이 관장하는 과(課)가 존재한다. 미디어에서 가장 많이 다루는 형사과는 그중 하나일 뿐이다. 그 외에도 수사과, 경비과, 교통과, 경무과 등이 있다. 특히, 2023년 하반기 신림역, 서현역 등에서 발생한 이상동기 범죄의 여파로 2024년부터 범죄예방대응과가 생긴다. 지구대와 파출소는 그 아래 소속된다. 사실 1학년 학생들이 듣는 경찰학 입문 강의시간에 이야기하는 내용이기는 하다. 하지만 수십 명과 함께 강의실에서 들을 때와 1:1로 들을 때의 차이가 분명히 있는 모양이다. 생각보다 부서가 많다는걸 상기하고 내심 놀라는 반응들이다.

"사람 만나고 활발하게 다니는 게 네 성격이 아닐 수 있다. 하지만 꼭 관계중심적인 성향을 가져야만 경찰 일을 할 수 있는 건 아니란다."

"계획적이고 완벽주의 성향이 있다면 경무과 가면 된다. 계획서 잘 만들고 행사 준비하고, 아니면 관서 예산을 차분히 다룰 수 있을 테니 말이다. 주도적이고 일 중심적이라면 생활안전과도 적당하겠다. 범죄예방에 관심만 있다면 우리 지역 방범시스템을 기획하고 시행하는 데 맞을 듯싶다. 내성적이고 비판적인 성향이 있다면 공공안녕정보과로 갈 수도 있겠다. 공공안녕정보과는 휴민트(human intelligence, HUMINT) 즉, 사람을 만나 정보를 수집하는 업무를 하기에 반드시 외향적이어야 한다고 생각하지만 꼭 그렇진 않아. 그 안에 정책정보를 작성하는 업무는 주변 사회현상에 관심이 많고 그 안의 문제점과 대책을 찾아 보고서를 써야 하니 적임이다. 경비과나 교통과도 계 단위 지원부서가 다 있다. 계획을 수립하고 시행하면서 현장 경찰관이 걱정 없이 근무할 수 있도록 지원하는 역할을 하지. 성격이 소극적이어서 자기를 표현하는 것이 서툴더라도 지원 업무하는 데에는 아무 지장이 없어. 수사도 꼭 발로만 뛰는 것이 아니야. 네가 가진 법률지식으로 조사하고 증거 잡고 혐의 파헤쳐 사기 치는 인간들 잡을 수 있다. 외향적이지만 감정적인 성향보다는 내향적이더라도 완벽주의 성향이 강한 사람일수록 더 잘할 수 있단다."

"아. 성격 따라 할 수 있는 일이 참 많네요."

"하나 더 말하자면 경찰은 꼭 민첩해야 한다고 생각들 하잖아. 사실 나도 초기엔 그런 줄만 알았다. 하지만 내가 얘기한 업무들은 행동이 느린 사람도 얼마든지 잘할 수 있어. 오히려 현장과는 다르게 시간적 여유를 가지고 일을 할 수 있으니까 말이야. 놓치는 것 없이 완벽하게 업무를 하는 데에는 제격일 수 있지. 그런 부서의 상사들은 꼭 외향적인 사람만을 선호하진 않는단다."

"그런 케이스들을 많이 보셨나요?"

"그럼. 내가 경찰에 있을 때 본 직원 한 명은 지구대에서 민원인 응대를 못하고 너무 적응이 안되었어. 본인도 고생하고 주변 동료들도 같이 일하기를 꺼렸지. 그런데 글쓰기 능력이 있고 사회현상에 관심이 많은 걸 정보과에서 눈여겨본 거야. 정기인사 때 그 직원을 데려갔지. 그 직원 신들린 듯이 보고서 쓰고 청에서도 능력 인정했어."

"다른 한 명은 내향적이고 행동이 느린 편이었지만 사안을 하나 놓고 엄청 파고들어가는 성격이었지. 수사과에 있을 때 아무리 어려운 사건도 해결하니 누가 수사과장으로 와도 좋아했어. 청문감사관실에 가서도 늦은 밤까지 규정집을 모두 뒤져. 그리고는 직무근거를 찾아내는데 아주 감탄스럽더구나. 그러니 너도 일단 경찰 합격해. 그리고 네게 맞는 부서를 찾아서 가렴."

그리고 마지막으로 한마디를 덧붙인다.

"넌 경찰에 어울리는 사람이야."

그런데 성격이란 선천적으로 즉, 유전적으로 갖고 태어나는 기질에 후천적인 환경과 학습이 결합된 결과물이다. 기질은 개인의 고유영역으로 생애에 걸쳐 안정적으로 지속되는 생물학적 특성이라 정의된다. 이 기질은 사회적 환경에 적응하는 개인의 행동양식에 영향을 끼치고 정서적 반응에서의 차이를 만들며 통합된 행동특성을 보이게 한다. 그 결과 형성되는 것이 성격이며 이는 일관되게 유지된다.[2] 그래서 기질을 아는 것은 내 성격을 파악하는 기본이 된다.

히포크라테스(Hippocrates)는 우리의 몸에 4가지의 물질이 있고 사람의 행동은 그에 따른 지배를 받게 된다고 주장한 바 있다. 이에 따라 1927년 아들러(Adler)가 사람의 기질을 사교적인 다혈질과 지배성이 강한 담즙질, 독립적인 우울질, 냉정해지려는 점액질로 해석하였다.[3]

이 4가지 기질은 최근 젊은이들을 중심으로 유행하는 MBTI 기질 테스트 또는 성격 검사의 뿌리라고 알려져 있다. '경찰은 그래야 한다.'라고 흔히 통용되는 기질은 사실 다혈질에 가깝다. 사교적이고 쾌활하며, 사람과의 관계 중심적이고 감정적이며 열정적이고 낙천적이라고 알려진 기질이다.

"경찰은 체구 커서 힘도 좋고 성격도 괄괄해야지. 사교성도 있어야 하고."

자라면서 이런 말을 많이 듣기는 했다. 체구나 힘은 그렇다 치고 다혈질 기질을 가진 사람만이 경찰을 한다면 그 경찰이 우리 국민의 안전을 확실히 지켜줄까? 이리 물어도 같은 대답을 할 수 있을까?

앞서 경찰 못할 성격이란 없다고 하였으니 경찰 못할 기질도 없다고 하리라 예상하셨을 것이다. 그렇다. 앞서 말한 기획과 현장 지원업무는 우울질이 더 적합할 것이다. 내성적이지만 독립적이고 일 중심적이며, 계획성 뛰어나고 특히 완벽주의 성향이 강한 우울질 말이다. 한편 경찰이란 13만 거대 조직은 원활한 관리를 위해 수많은 단계의 지휘통제가 작동한다. 현장에서 발생하는 돌발상황에 적합한 조치를 빠르게 결정하고 기민하게 대응하도록 지휘해야 한다. 이는 주도적이고 목표 지향적이어서 굳건한 추진력을 보이는 기질, 강력한 리더십을 발휘해 책임감 있게 일을 완수하는 담즙질에게 더 적합할 수 있다. 평화주의자 점액질에게 적합한 영역도 많다. 우선 조직의 중간에서 상하를 아우르는 중재 역할에 제격이다. 치안활동에 불만을 가진 민원인의 의견을 듣고 그들의 어려움을 공감하는데 제격이다. 순찰 도중 길을 헤매거나 무거운 물건을 들고 가는 어르신을 발벗고 나서서 돕는 것도 가장 잘할 수 있다. 물론 다혈질은 경찰 조직 구성원간의 관계를 중시하면서 직장 분위기를 밝게 만든다. 지역사회에서 주민과의 친화적 경찰활동을 펼치는 데에도 가장 적합하다. 한 개인에게는 한 가지 기질만 나타나지 않고 복합적으로 여러 기질이 발현된다. 따라서 각 기질의 장점만 모아놓은 사람이 있다면 더할 나위 없이 좋을 것이다. 하지만 그런 사람은 아마 없을 것이다. 먼 미래 AI에게 각 기질의 장점과 그것이 발현된 사례들을 방대하게 학습시킨 뒤 이상적인 로봇을 만들어내지 않는 한은 아마 없을 것이다. 여하튼 특정한 기질, 특정한 성격을 가진 자만이 경찰에 적합하다는 생각은 근거없는 관념적 주장에 불과하다. 그리고 자신의 자리에서 묵묵히 책임을 완수하는 수많은 경찰관들에게 상처가 된다.

경찰 조직에는 13만에 가까운 구성원이 존재하고, 특성이 확연히 다른 부서들이 한 조직 안에 모여 있다. 거대한 공룡 같은 조직이 어디 하나 아픈 곳 없이 원활히 작동하려면 모든 부서가 각자의 역할을 무리 없이 수행해나가야 한다. 그를 위해서는 각기 다른 기질과 성격을 가진 경찰관들이 본인에게 맞는 부서에서 그 소임을 다해주어야만 한다. 이렇게 한마디로 정리하고 싶다.

"우리는 누구나 경찰에 어울리는 사람이다."

잘할 수 있는 경찰 일은 꼭 있다

경찰처럼 부서가 많고 각 부서마다 특성이 크게 다른 조직 안에서는 내게 맞는 일을 잘 찾아야 한다. 고등학교는 특강을 다녀보니 경찰에 관심있는 학생들도 '멋있는 경찰이 되고 싶다.'라는 막연한 희망 수준에 그치는 경향이 컸다. 하지만 경찰 관련 학과의 대학생들은 '경찰이 되어 무엇을 할까?'에 대한 관심이 커 보였다. 다만 신입생 때에는 경찰 조직과 부서에 대한 이해가 아직 부족함도 느껴졌다. 이런 질문들을 받았기 때문이다.

"저는 경찰보다는 형사로 들어가고 싶습니다. 형사가 되려면 어떤 시험을 쳐야 하나요?"

"형사는 일반적인 경찰들하고 계급이 다른가요? TV 보면 파출소 경찰들이 경례하잖아요."

남학생들은 형사에 대한 관심이 많은데, 미디어에 가장 많이 나오는 경찰의 보직이 형사라 그런 듯 싶다. 이때부터 나의 면담은 사실상 조직 관리론 강의가 되었다.

"형사는 처음부터 따로 형사로 뽑는 게 아니야. 우선 경찰이 될 생각부터 하자. 경찰이 되면 지구대나 파출소부터 가게 될 거고, 그 이후에는 네가 형사과로 지원해서 가면 된다."

"지구대도 똑같이 경찰 채용 시험 봐서 들어온 사람들이란다. 지구대 경찰이 형사에게 경례하는건 작가님들이 극적인 재미를 생각해서 그런 거겠지."

그럼 학생들은 이렇게 물어왔다.

"그럼 형사는 지원하면 갈 수 있는 겁니까?"

그럼 나는 주로 이런 대답을 해주었다.

"우선은 수사경과(警科)부터 취득해야 하지. 수사를 전문적으로 하도록 수사 부서에서 일을 할 경찰관들에게 부여해. 수사를 하지 않는 비(非) 수사경과 경찰관이 수사경과를 받으려면 일정한 자격요건을 갖춰야 해. 보통 형사법 능력평가시험을 치르지. 경찰 채용 시험에 합격할 정도라면 기본은 되어 있는 셈이니 준비만 잘한다면 충분히 될 수 있어. 하지만 그 전에 네가 간 경찰서 선배님들께 잘해라."

"잘하라는 게 무슨 의미입니까?"

"형사과에서 한 명이 승진해 다른 데로 갔다고 하자. 그럼 그 자리를 누군가로는 채워야겠지. 직위공모라는 절차가 있어서 경찰서 안에 있는 수사경과자들은 다 지원할 수 있어. 하지만 사람을 뽑아야 하는 형사과 장님이나 동료들 입장에서는 아무래도 일 잘하는 후배를 뽑으려 하지 않겠니. 그건 직위공모할 때 받은 지원서만 가지고는 판단할 수 없단다."

"그렇겠지요. 그러면 저는 어떻게 합니까?"

"처음 지구대 가면 폭행 신고 처리를 많이 하지. 신병이나 서류를 인계하러 형사당직팀에 들어갈 일이 꽤 될거야. 그냥 가서 '내 일 처리했으니 끝이다.' 하고 나오지 말고 선배님들께 인사해. 똑부러진 인상을 주면 좋겠지. 그리고 '기회되면 선배님들처럼 형사하고 싶다'는 의사표시 하는 거 잊지 말고."

상대적으로 여학생들은 여성청소년 부서에 대한 관심이 많다. 물리적으로 힘이 약할 수밖에 없는 여성과 청소년을 위해 일하고 싶다고 한다. 이 부서는 특히나 사회적인 필요에 의해 생긴 부서이고 그래서 전문적인 영역을 담당하는 보직도 많다. 그에 대한 설명으로 면담을 이어간다.

"여청과(여성청소년과의 약자) 안에서도 전문적인 역할을 할 경찰들을 많이 만들었지. 학생들이 학교전담경찰관(SPO: School Police Officer)은 알더라. 고등학교 때까지 다들 봤을 테니. 너희는 경찰이 학교 돌아다니는 게 자연스러웠겠지만 그게 겨우 10년 정도밖에 안된 이야기란다. 학교폭력으로 중학생 한 명이 스스로 목숨을 끊었지. 그게 도화선이 되어서 만들어진 거야. 학교 내에서 다른 학생을 괴롭히는 학생은 없는지, 피해 입고 괴로워하는 학생은 없는지를 살피지. 생활관리 하시는 선생님들과 이야기도 나누면서 정보도 얻고 문제가 있으면 상담해서 학생 사이의 관계를 회복시키려는 노력도 하지. 물론 사안이 크다 싶으면 경찰서에 넘겨 수사도 하고."

"다른 전담경찰관도 있던데요."

"그래. 학대예방경찰관(APO: Anti-Abuse Police Officer)도 있지. 아동학대나 노인학대처럼 학대 사건이 다시 일어나지 않게 보호조치가 필요한지 살피지. 피해가 있으면 수사팀에 연계해서 수사가 이루어지게도 하지. 일상생활로 돌아가신 뒤에도 피해 받지 않고 잘 살고 계신지 점검하고, 법률적으로나 경제적으로 도울 게 있다면 지원할 방법도 찾아드리는 게 이들의 일이야. 가정폭력사건도 많은데 마찬가지 일을 해."

"아. 예방하면 범죄예방진단팀(CPO: Crime Prevention Officer)도 있어. 여청과는 아니고 생활안전과에서 일하지. 범인을 잡는 것도 중요하지만 그 전에 먼저 범죄가 안 나게 막는다면 정말 좋겠지. 우리 주변이 범죄가 나기 좋은 환경은 아닌지 살펴보고 대책을 찾는 역할을 해. CCTV 달아야겠다거나 가로등 밝기를 조절해야겠다거나 비상벨 설치해야겠다거나 이런 필요성들을 찾아. 그리고는 시청, 구청 찾아가 이야기하고 실제로 추진하지. 환경을 설계해 범죄를 예방한다는 CPTED(Crime Prevention Through Environmental Design) 개념에서 나온 거야."

어느 날 충청 지역의 한 고교생이 학과 사무실을 통해 내게 연락을 하였다. 나와 실시간 영상(ZOOM)으로 대화를 하고 싶어 했다. 이유는 내가 발표한 경찰의 물리력 사용 기피원인 분석에 대한 논문을 보고 궁금한 점들을 알고 싶어서였다. 대화를 이어가다 보니 다른 궁금증에 대해서도 다양하게 소통하게 되었다. 그중 가장 기억에 남는 한 가지 대화가 있다. 참고로 이 학생은 여학생이다.

"교수님. 대림동 여경 사건도 그렇고 인천 흉기난동 사건도 그렇고 여경들이 경찰에 부적합하다는 여론이 많더라구요. 정말 여경은 경찰조직에서 할 역할이 없다고 생각하시나요?"

"여경이 할 역할 많아요. 대표적인 부서가 여성청소년과예요."

그리고는 앞서 언급한 여성청소년과의 전문경찰관들을 쭉 알려주었다.

"여성은 남성에 비해 세심함이 돋보이죠. 지금의 경찰은 물리적 힘만으로 일하지 못합니다. 단순히 범인 잡았다고 박수받는 시대는 지났죠. 범인에게 피해 입은 사람을 어떻게 보호할지가 더 중요한 시대가 되었어요. 한 가지 예로 성폭력 여성 피해자를 조사한다고 합시다. 여성 피해자는 대체로 남자보다 여자 경찰에게 조사받고 싶어합니다. 아무래도 말하기 편한 거죠. 민감한 피해사실을 진술할 수 있으니까요. 남자가 아무리 능력이 있어도 여자가 될 수는 없잖아요. 다른 부서도 마찬가지로 여경이 할 일은 많아요. 기본적으로 공감능력이 좋다 보니 다른 경찰과의 관계에서 남자들이 생각하지 못한 배려를 하죠. 내근부서에서 세심하게 예산과 자원을 배분하고 기획하는 일도 장점이 있지요."

"안 그래도 경찰은 하고 싶은데 들어가서 내가 잘할 수 있는 일이 없을까 고민했었거든요."

"그럴 필요 없죠. 그리고 현장이라고 여경이 못할 것은 없습니다. 여경 중에도 남자 동료에게 피해 끼치기 싫다고 스스로 운동하고 체력 키우는 분들 있거든요. 그러한 자세에서 남자경찰 못지 않은 현장 대응력을 갖출 수 있죠. 설사 그렇지 못하더라도 노력하는 모습을 보이면 남자 동료들이 더 이상 색안경 끼고 순찰차 같이 타기를 꺼리진 않을 거예요."

대화를 마친 뒤 이 학생이 꼭 경찰이 되었으면 하는 바람이 생겼다. 일면식도 없는 나에게 적극적으로 대화를 요청하고 본인의 생각을 명확히 밝히는 모습이 인상적이었기 때문이다.

누구에게나, 잘할 수 있는 경찰 일은 꼭 있다.

꿈을 유지시키는 사명감

다시 사명감이 등장했다. 현실적으로 수험생이 가진 사명감은 그들의 꿈을 유지시키는데 중요한 역할을 한다. 수험기간은 언제 끝날지 모르고 장기화될 여지도 충분하다. 버티기 위해서는 단순한 체력과 집중력 이상의 무엇인가가 필요하다. 합격 이후 갖게 될 나의 직업적 안정성이 동기를 부여할 수 있다. 경찰이 된 나를 바라보는 주변 사람들의 부러운 시선이 그 역할을 할 수도 있다. 인생의 반려자를 만나고 결혼한 내 모습을 상상하며 꿈을 유지시킬 수도 있다. 하지만 장기간의 고통을 감내하려면 고통을 희생하여 얻어낼 가치가 그 고통에 비례할 정도로 커야 한다. 개인적이고 현실적인 보상만으로는 부족하다. 사회적 가치가 필요하다. 나의 행동 하나가 위험에 빠진 국민의 안전을 지킬 수 있다는 생각, 내가 그런 사람이 된다는 가치, 그것이 바로 사명감인 것이다.

'총기를 사용하는 극도의 긴장 상황에서 필요한 제반 법리가 논리적으로 사고되는 것이 아니라 방어 본능이나 직업적 사명감을 기초로 하여 반사 작용처럼 쏘게 되는 것이다.'[4]

저명한 교수님의 한 논문에서 본 문장이다. 사실 이 문장은 총기를 사용해야 할 때 복잡한 총기 사용 요건이 현장 상황과 부합하는지를 현실적으로 따지기 어려움을 말하고자 했다. 하지만 경찰의 사명감이 위험에 빠진 시민의 생명을 구할 수 있음을 보여주는 문장이기도 하다.

나는 학생들에게 수험생활을 버틸 또 하나의 힘을 주기 위해 제복의 의미를 강조한다. 경찰은 대표적인 제복 조직이다. 잠시 경찰제복을 소개하자면 근무시간에 입는 근무복, 경비활동을 할 때 주로 입는 기동복, 그리고 주요 행사에 입는 정복이 가장 일상적인 제복이다. 디자인은 불변이 아니다. 지금의 디자인은 2016년에 바뀐 것이다. 시민들이 가장 많이 보는 경찰 제복은 녹색 상의에 남색 하의로 매치된 근무복이다. 날이 추워지면 위에 회색 계통의 점퍼를 입는다. 우리가 쉽게 볼 수 있는 지구대 또는 파출소 경찰관뿐만 아니라 경찰서 정복 부서에 근무하는 경찰관들도 이 옷을 입는다. 다만 교통부서 경찰관들의 근무복 상의는 녹색이 아닌 아이보리색이다. 그래서 시민들은 교통경찰관임을 확연히 알 수 있다. 기동복은 부서 구분 없이 밝은 남색이며 주로 경비 부서 근무자들이 착용한다. 집회시위 현장에서의 질서유지, 재난현장에서의 구조활동 등을 하기 때문에 활동성에 무게를 둔다. 정복은 경찰의 날처럼 중요 행사일에 착용하는 것으로 착용빈도는 얼마 되지 않는다. 하지만 정복이 주는 영예와 무게 때문에 경찰관들이 소중히 다룬다. 위아래 모두 남색이며 위 재킷은 4개의 단추를 채운다. 안에는 흰 와이셔츠와 넥타이를 착용해 격식을 갖추고 있다.

그럼 제복을 왜 입는 것일까? 나는 시민에게 경찰을 직관적으로 알려주기 위해서라고 말해왔다.

"너희가 우리보다 세다고 했다며?"

"뭐래. 그래서 직접 싸우자 했냐?"

공원 한편에 10여 명의 학생들 무리가 모여 있다. 보니 두 편으로 나뉘어져 서로 싸운다. 이 때 두 명의 성인 남녀가 그 쪽으로 다가오고 있다. 이들은 그 성인 남녀를 신경쓸까? 오히려 그들에게 신경 쓰지 말고 빨리 지나가라는 눈빛을 거세게 보낼 것이다. 그런데 이번에는 두 명의 성인 남녀 경찰이 다가오고 있다. 학생들 대처가 같을까? 하나둘 해산할 것이다. 직관적으로 국가가 부여한 공권력을 가진 사람들이 오고 있기 때문이다. 국가가 법으로 하지 말라고 규율한 행위를 한 우리에게 오고 있기 때문이다.

"아악! 힐 굽이 빠졌네. 다리가… 삐었어."

"괜찮으세요? 제가 도와드릴까요?"

다친 여성을 보고 한 남성이 다가와 도움을 주겠다고 한다. 훈훈해 보이는 상황이지만 현실에서 여성이 선뜻 남성의 제의를 받아들일까? 아닐 수 있다. 흉흉한 사건 사고들을 접하며 내 주변에서도 친절을 가장한 범죄가 일어날 수 있다고 생각하는 분들이 많다. 처음 보는 남성이 내민 도움의 손길을 다른 의도로 간주할 여지는 충분하다. 그 한 남성이 제복을 입은 경찰이라면 어떨까? 이 경우는 대다수가 도움을 거절하지 않는다. 그 남성은 제복을 통해 국가가 부여한 공권력을 가진 자임을 증명한다. 믿고 도움을 청해도 된다는 점을 한눈에 보여준다. 제복은 국가가 부여한 권한, 공공의 안녕과 질서를 유지하기 위해 명령 또는 강제하는 권한을 부여받았음을 공인한다. 선량한 시민에게는 비(非)권력적으로 봉사하는 권한을 부여받았음을 공인한다. 그러한 공인을 받은 사람만이 입을 수 있는 가장 직관적인 복장이 경찰 제복이다.

경찰 꿈꾸기, 조급하지 않아도 된다

국민을 위해 쓰임받겠다는 사명감만 있다면 누구나 경찰이 될 수 있다. 이제는 고민을 걷어내고 경찰이 되는 일만 남았다. 그런데…

"저 휴학하고 싶습니다."

"왜?"

"제 나이도 꽤 되었고 다른 친구들은 합격하기 시작했어요. 솔직히 이래도 되나 싶어요. 학교 학점을 떠나 시험 공부에만 집중하고 싶어요."

대학생들의 이야기이다. 언제쯤 경찰이 되면 좋은가에 대해 각자 다른 생각들을 갖고 있음을 알 수 있었다. 그런데 일반적으로는 빨리, 한 살이라도 빨리 되었으면 좋겠다는 생각들을 많이 한다. 이게 정답일까? 나는 이렇게 대답해주고 있다.

"너무 조급하게 생각하지 마."

20대 청년들에게 가장 영향력이 큰 사회 관계망은 동료이다. 대학 동기와 선후배들이다. 같이 학원을 다니는 친구와 주변 사람들이다. 동기가 경찰시험에 합격했다는 말, 학원을 다니는 내 동년배가 경찰이 되었다는 말은 시험준비의 자극제가 된다. 하지만 왠지 모르게 뒤처졌다는 불안감, 빨리 합격해 그들을 따라잡아야 한다는 조급함을 불러 일으킨다. 그러나 경찰 생활은 100m 달리기가 아니다. 먼 거리를 달려야 하는 장기 레이스이다. 한두 살 빠르고 느린 것은 아무런 문제가 되지 않는다. 나는 이 점을 이해시키는 데 중점을 둔다.

남학생들은 대학 1학년을 다닌 뒤 군 입대를 선택하는 경우가 많다. 군 복무 기간은 본인이 강제로 사회와 거리를 두게 되는 시기이다. 자의 반 타의 반 향후 진로에 대해 성찰할 기회가 되기도 한다. 군 복무를 마치고 돌아온 남학생들은 학년이 올라간 탓도 있지만 꽤나 의젓한 모습을 보인다. 1년 반 동안 성찰하며 스스로의 각오를 다졌기 때문인 듯 싶다. 그런데 그 각오를 빠르게 현실화하고자 복학 후부터 전력질주하는 학생들이 있다. 군 복무가 없는 여학생들은 1학년부터 채용 시험 준비에 돌입하기도 한다. 이들에게는 2, 3학년때 경찰학, 형사법, 헌법 등 전공과목을 수강할 기회가 있다. 나는 전공과목을 충실히 듣고 실력을 쌓은 뒤 본격적인 도전을 하라고 권유한다. 사실 기본 실력이 바탕이 된 자와 그렇지 않은 자의 점수 차이가 그리 크지는 않다. 그러나 문제는 당락의 경계가 그 지점에 있다는 것이다. 어떤 시험이든지 단순히 외워서 맞힐 수 있는 문제와 기본 실력을 바탕으로 이해를 해야 풀 수 있는 문제를 혼합해 출제한다. 그래야 변별력을 갖추기 때문이다.

시험준비가 장기화되면 의지가 떨어지고 희망을 포기하게 된다. 그 흐름이 가장 우려스럽다. 처음 전력질주할 때에는 준비기간이 몇 년이 되든 상관없이 지금의 페이스대로 공부할 수 있다고 생각한다. 1년에 평균 2~3회의 시험에 낙방하며 2년여의 기간을 보내면 십중팔구 페이스 유지에 어려움을 겪는다. 더 큰 문제는 '내 의지가 약해서 떨어졌다.', '머리가 좋지 않아서 떨어졌다.'는 자책을 동반한다는 점이다. 이 상태에서 시험준비기간은 한없이 늘어나게 된다. 의미 없이 시험 응시원서만 차곡차곡 쌓이고 자신감은 끝없이 하락한다.

시험을 2회, 3회, 그 이상 본 사람이 1회 본 사람보다 더 잘 보리라는 믿음은 그야말로 근거 없는 믿음에 불과하다. 제대로 준비된 상태에서 본 시험이라면 1회 응시만으로도 합격의 열매를 맺을 수 있다. 시험준비기간이 길지 않았기에 본인의 피로도 또한 적다. 고3 수험생 시절을 겪어보았던 학생들은 그 시절 본인의 예민함을 받아주시던 부모님과 주변 사람들의 고생을 알고 있다. 주위 친구와의 단순한 비교만으로 조급하게 본격적인 수험생활에 돌입하지 않았으면 한다. 부모님과 주변 사람들의 희망고문을 장기화하고 그들도 지치게 할 수 있다. 지치는 것은 본인만

이 아니다.

그리고 너무 이른 나이에 한 합격이 꼭 바람직하지도 않다. 이 생각은 경찰 재직 당시에도 하였다.

"계장님. 저 매주 목요일만 1시간씩 일찍 들어갈게요. 유연근무 내고요."

"그래. 그런데 왜인지 물어봐도 될까?"

"방송통신대학교에 입학했어요. 아무래도 졸업장을 따고 싶어서요."

경찰 재직 중 30대 초반의 경찰관과 실제로 나눴던 대화이다. 이런 경우가 꽤 빈번하다. 대학 재학 중 경찰 시험에 합격한 뒤 졸업까지 잇지 못하고 자퇴한 경찰관들이다. 대체로 대학교 초반부터 경찰 시험을 준비하였다. 중간에 휴학하고 학원 또는 인터넷 강의를 들으며 공부에 매진했다. 1학년 마치기 전에 합격한 경우도 있다. 시험에 합격하면 중앙경찰학교에 입교해 신임 교육을 받는다. 그리고 바로 부임해 경찰 생활을 하게 된다. 첫 적응 과정은 어느 직업이나 쉽지 않다. 임지가 본래 다녔던 대학과 가깝다면 근무 시간을 고려해 수강 신청을 한다. 하지만 이렇게 학업을 이어가는 경우는 운이 좋은 케이스이다. 대다수는 본래 다녔던 대학에 복학해 수업을 듣는 것이 어려워 자퇴서를 냈다. 그런데 경찰 생활을 몇 년 하면서 일부는 다시금 학업에 대한 열망, 또는 졸업장 취득에 대한 희망을 갖게 되었다. 그리고 방송통신대학교 또는 사이버대학교(디

당신은 경찰에 어울리는 사람입니다

지털대학교)를 다수 선택했던 것이다.

　나는 이들의 열정과 희망을 보면서 마음속으로 항상 박수를 보냈다. 나와 같이 근무하는 경찰관들이 대학 수업을 들으러 간다면 무조건 배려했다. 그런데 하나 아쉬웠던 점이 있었다. 이들은 대학 다닐 때 빠르게 취업한 선두 주자나 다름없는데 그 대가가 대학 중퇴였다는 점이다. 지금은 경찰청에서 '임용 유예'라는 제도를 만들어 중앙경찰학교 입교를 유예할 수 있도록 하였다. 경찰시험을 합격하고도 최장 2년간 임용을 유예할 수 있도록 한 보완책이다. 그 기간 중 학교에서 학업을 이어 졸업을 하라는 의미이다. 하지만 현실적으로는 한 학년 정도만 유예가 가능하다. 보통 합격으로부터 입교 시까지의 공백이 몇 개월 생긴다. 입교가 1년에 2~3회에 불과하기에 그 시기가 신학기와도 잘 맞아 떨어지지 않는다. 임용 전의 교육 기간도 유예 기간에 포함된다. 아쉬움이 있다.

　여하튼 한두 살 많고 적음은 경찰 생활에 큰 의미가 없다. 진급과 보직 이동의 기회에서 한두 살 많고 적음이 크게 작용하지도 않는다. 오히려 나는 어린 나이로 인해 불리한 경험이 많았다. 우리 학생들이, 젊은이들이 주변 친구나 동료와의 비교에 매몰되지 않았으면 좋겠다. 너무 조급하게 자신을 채찍질하지 않았으면 좋겠다.

II

폴리스 라인 안으로 들어가기

경찰 채용에는 금수저도 비공개도 없다

나는 경찰대학이라는 우리나라의 특수 목적 대학을 졸업하고 경찰이 되었다. 하지만 13만에 가까운 전체 직업 경찰관 중 약 97%는 다른 경로를 통해 경찰이 된다. 경찰 채용 시험의 일반적인 지원 요건은 단순하다. 경찰공무원법 제8조 제2항에 규정된 결격 사유만 없으면 된다. 대한민국 국적자가 아닌 자, 복수국적자, 자격정지 이상의 형을 선고받은 자 등이다. 이 책을 읽는 대부분의 독자 분들께는 먼 나라의 이야기일 것이다. 학력 제한은 없다. 신체 조건 중 키와 몸무게에 걸려 있던 제한 또한 없어진 지 오래다. 병역 또한 미필 상태에서도 합격한 뒤 재직 중에 의무를 다할 수 있도록 하여 제한이 없어진 상태이다. 연령은 채용 시험마다 다소 차이가 있다. 가장 많은 인원이 도전하는 순경 공개경쟁 채용의 경우 18세 이상 40세 미만으로 비교적 넓게 규정하고 있다. 즉, 문호는 넓게 열려 있다. 특별한 사회적 위치나 경제적 요건을 요구하지 않으며 채용절차는 투명하게 진행된다. 불공정 채용의 대명사인 금수저도 비공개도 없다. 지금부터 말하는 것은 경찰이 되기 위해 거쳐야 할 능력을 검정하는 절차이다. 그리고 그에 맞춰 수험생이 준비해야 할 사항들이다. 한마디로 경찰이 되고자 하는 사람들에게 국가가 요구하는 능력과 관련되어 있다.

경찰공무원법은 경찰공무원의 신규 채용을 규정하고 있다. 크게 공개경쟁 채용과 경력경쟁 채용으로 나뉜다. 공개경쟁 채용은 줄여서 공채라고 부르며 순경 공채와 경위 공채가 있다. 참고로 경위는 일반직 공무원 6급(을)에 상당하는 계급이다. 선발은 공개경쟁 시험을 통한다. 순경 공채 시험은 1년에 약 2~3회 실시하고 있다. 경위 공채 시험은 1년에 1회 실시하는 경찰간부후보생 선발 시험과 별도의 경찰대학생 선발 시험이 있다. 경찰대학은 순혈주의에 대한 비판에서 벗어나기 위해 2022년 말 첫 편입학생을 선발했다. 우선 정원을 100명으로 줄인 뒤 50명만 고교 졸업(예정)자 중에서 입학생으로 뽑았다. 그리고 25명은 현직 경찰관 중에서, 25명은 일반대학생 중에서 편입생으로 선발하였다.

경력경쟁 채용은 경력 등 응시요건을 정한 뒤 그 사유에 해당하는 사람들만을 대상으로 시험을 치른다. 경채에는 변호사, 회계사, 사이버 수사, 학대 예방, 재난 사고, 의료 사고, 현장 감식, 피해자 심리, 외국어, 영상 분석 등 다양한 분야가 있다. 경찰 수사 등 업무과정에서 전문적 지식과 능력이 필요한 영역에 활용할 사람들을 전략적으로 선발하고 있다. 계급은 경감부터 순경까지 다양하다. 경채 중 가장 많은 인원을 선발하는 분야는 경찰행정 경채이다. 이 시험은 전국의 4년제 대학 경찰행정 관련 학과에 재학 중이거나 재학했던 사람으로서 관련 전공 과목을 45학점 이상 이수하거나, 2년제 이상 대학의 경찰행정 관련 학과를 졸업한 자에게만 지원 문호를 개방하고 있다.

가장 많은 사람들이 도전하는 순경 공채의 경우 1차로 필기시험을 치른다. 여기서 최종선발인원의 1.5~3배수가 합격한다. 필기 합격자들이 신체검사와 체력검사, 적성검사, 그리고 면접시험을 거쳐 최종인원만큼 선발된다. 현재 순경 공채 필기시험은 전체 성적의 50%를 반영한다. 과목은 경찰학, 형사법, 헌법이며 영어와 한국사는 검정제 과목으로 기준 점수 이상을 받은 공인성적표를 제출하면 통과된다. 이후 체력검사가 25%, 면접시험이 25% 반영된다. 체력검사는 현장에서 범인을 제압하고 검거할 수 있는 경찰을 만들기 위해 순환식으로 새로이 변경되었다. 연구용역을 통해 미국과 캐나다의 체력검사를 바탕으로 만든 것으로 알려져 있다. 실제 순경 공채에 적용되는 시기는 2026년부터(간부후보생과 경찰행정 경채는 2023년 하반기부터)이다. 정해진 시간 내에 코스 달리기, 장벽 넘기, 허들 넘기, 계단 오르내리기, 밀고 당기기, 구조인형 끌기, 방아쇠 당기기 등을 완료하여야 통과이다. 이 중 밀고 당기기는 특히 강한 힘을 유지한 채 기구를 반원 형태로 3회 밀고 당겨야 한다. 구조인형 끌기는 무게가 일반성인 남성과 유사한 72kg 인형을 10.3m 끌고 가야 한다. 장벽 넘기는 장벽 높이가 1.5m에 이르기 때문에 상대적으로 도약력이 약한 여학생은 훈련이 필요해 보인다. 다행히 경찰청은 기초적인 역량을 갖춘 수험생이라면 모두 통과할 수 있도록 시간적 기준을 잡으려 하였다. 현재 경찰공무원임용령시행규칙상 4분 40초 이내에 모든 코스를 통과하면 합격이다. 이 기준은 변경된 체력검사 실시 이후 수험생들의 기록 추이에 따라 개정될 여지도 있다.

현재 경찰 채용의 흐름상 가장 주의해야 할 단계는 면접시험이다. 경찰청에서 인성 중심의 면접 강화를 천명하고 있기 때문이다. 이는 최근 들어 면접시험에서 탈락자가 다수 발생하는 이유이기도 하다. 면접시험은 1차 집단 면접과 2차 개별 면접에서 각 10점씩 부여한다. 1차 집단 면접에서는 의사발표의 정확성과 논리성, 전문지식을 평가하고 2차 개별 면접에서는 예의, 품행, 봉사, 정직, 성실, 발전 가능성 등을 평가한다. 각 단계별로 4개의 등급에 따라 점수가 부여되고 면접 위원 과반수가 어느 하나의 요소에 최하 등급을 부여하면 불합격하게 된다. 집단 면접은 지원자 4~6명이 동시에 들어가 주어진 주제에 대해 집단으로 토의하는 방식이다. 개별면접은 지원자 한 명에 대해 면접관 3~4인이 질의하고 응답을 듣는 방식을 취한다. 면접관으로는 한 개조에 경찰관과 외부 면

접 위원이 모두 포함되도록 하고 있다. [5]

나는 대학교에 온 이후 공채 필기시험에 합격하고 면접시험까지 치른 학생들에게 그 과정과 문제를 묻고 있다. 집단 면접에서는 직무 지식이나 시사 상식을 주제로 제시한다. 예컨대 학교폭력 대응책, 자치경찰제에 대한 의견 등을 묻는 식이다. 그리고 학생들의 토의 내용을 듣는다. 여기에서 본인이 부각되기 위해 상대방이 제시한 의견을 근거 없이 비판하면 빛의 속도로 탈락할 수 있다. 그러나 진정한 인성 체크의 장은 역시 개별 면접이다. 예컨대 본인이 봉사했던 경험, 선행하였을 때의 느낌, 학교생활 등을 하며 갈등을 해결했던 사례 등을 묻는다. 그리고 대답을 통해 그 사람의 됨됨이와 경찰로서의 직무 품성을 판단한다. 면접시험에 가기 전 내게 찾아와 주의사항을 묻는 학생들에게는 주로 복장, 그리고 질문에 대한 답이 떠오르지 않을 때의 대처에 대해 강조하고 있다.

복장은 '단정한 정장' 한마디로 이야기하고 있다. 시대 트렌드에 따라 편안한 복장으로 개성을 보여주어도 되냐고 묻는 학생이 있었는데 경찰 된 후 출퇴근할 때 보여주라고 하였다. 나도 경찰 시절에는 직위 공모 지원자 등의 면접을, 교수가 된 후에는 경찰 외 다른 직종 면접관을 해본 적이 있다. 그 곳에서도 거의 모든 지원자는 정장 차림이었다. 그 가운데 면바지와 슬립온 차림으로 나타난 지원자를 마주하니 등장 자체만으로 당황한 기억이 있다.

한편 질의응답 과정에서 받은 질문에 답이 떠오르지 않으면 다음과 같은 대응을 하도록 말해주고 있다.

"잘 떠오르지 않습니다. 잠시 생각을 정리하고 말씀드려도 되겠습니까?"

"잘 모르겠습니다. 집에 가면 바로 찾아보고 숙지하겠습니다."

본인이 면접관을 할 때 이런 상황도 있었다. 한 지원자가 대답을 하다가 중간에 한참 말을 멈추었다. 그러더니 "다시 하겠습니다." 하고는 아까 했던 말을 되읊기 시작했다. '답을 외워왔는데 잊었구나.'라고 생각할 수밖에 없었다. 직무 지식이든지 인성 관련이든지 외운 답을 잊을 수는 있다. 하지만 본인의 평소 생각에 따라 답을 이어가며 끝맺음하는 지혜가 필요하다.

공채 중 순경이 아닌 경위로 임용될 자를 선발하는 경찰간부후보생 시험이 있다. 1년에 1회 총 50명을 선발한다. 세무/회계와 사이버 분야가 각각 5명이고 일반 분야가 40명으로 가장 많다. 일반 분야 기준으로 1차 필기시험에서는 형사법, 헌법, 경찰학, 범죄학을 필수로 치른다. 선택 과목으로 행정법, 행정학, 민법총칙 중 1과목을 골라 응시할 수 있다. 수험생들 사이에서는 민법총칙의 선호도가 높다. 하지만 현직 경찰의 승진시험에는 행정학과 행정법만 존재한다. 그래서 장기적 시각으로 이 과목을 선택하는 지원자도 있다. 그런데 2022년 7월에 실시된 2023년 간부후보생 시험부터 주관식이 폐지되고 모든 과목이 객관식으로만 치러졌다. 이로 인해 수험생들의 접근성이 높아졌고 경쟁률 또한 수직 상승했다. 2022년 간부후보생 선발시험의 경쟁률은 34.8대 1인 반면 2023년 시험의 경쟁률은 72.7대 1이다.[6]

영어와 한국사는 순경 공채처럼 검정제로 운영된다. 1차 필기시험 통과자를 대상으로 하는 신체검사, 체력검사, 면접시험 등은 순경 공채와 비슷한 방식으로 진행된다. 다만 체력검사의 경우 순경 공채보다 3년 빠른 2023년부터 순환식으로 변경되었다는 점에서 두드러진 차이를 보인다.

경위로 임용될 수 있는 또 하나의 방법은 경찰대학 졸업이다. 경찰대학 입학은 대학 자체적으로 실시하는 평가에 교육부가 주관하는 수학 능력 시험 성적을 모두 반영하여 합격자 50명을 가린다. 1차 시험에서 국어와 영어, 수학 3과목을 보게 되고, 2차 시험으로 신체검사와 체력검사, 적성검사 그리고 면접평가를 본다. 그리고 수학능력시험 성적이 발표되면 모든 것들을 합산하여 점수를 산정하게 된다. 총 1,000점 만점 중 1차 시험이 200점, 체력검사가 50점, 면접평가가 100점, 학생부 성적이 150점, 그리고 수학 능력 시험이 500점을 차지한다. 신체검사와 적성검사는 당락만을 가린다.

2022년 실시된 2023년 경찰대학 입시부터는 큰 변화가 있었다. 바로 편입학의 실시이다. 3학년으로의 편입 인원은 입학 인원과 같은 50명이다. 그 안에서 일반대학생들을 대상으로 25명, 경찰 재직자를 대상으로 25명을 선발하며 시험과목도 다르다. 일반대학생 편입 1차 시험은 영어와 언어논리인 반면, 경찰 재직자 1차 시험은 형사법이다. 2차 시험은 2개의 전형 다 신체검사, 체력검사, 적성검사 그리고 면접평가를 실시한다. 점수는 100점 만점이며 1차 시험 60점, 체력검사 20점, 면접평가 20점으로 구성된다. 2023년 경찰대학 편입학 시험의 경쟁률은 30.3대 1이었는데 세부적으로 일반대학생 전형은 52대 1, 경찰 재직자 전형은 8.7대 1이었다. [7]

일반대학생 전형은 경쟁률이 높았고 우리나라 최고 수준이라 부르는 대학들의 재학생들이 다수 합격하였다고 알려졌다. 이에 반해 경찰 재직자 전형은 예상보다 경쟁률이 낮게 나타났다. 현 정부는 순경부터 경위까지 각 계급의 최저근무연수를 모두 1년으로 최소화했다. 젊은 나이에 경위가 될 수 있는 가능성이 커진 것이 낮은 경쟁률의 주요 원인으로 보인다. 경찰대학에 편입하려면 따로 편입 시험공부를 해야 하고 합격하면 경찰을 퇴직한 뒤 2년의 학업 과정을 거쳐야 하는데 여기서 상대적으로 메리트를 느끼지 못한 것으로 풀이된다.

경채는 전형에 따라 시험 방법에 다소 차이가 있다. 경채 중 가장 많은 인원이 응시하는 경찰행정 경채의 경우 1차 필기시험에서 경찰학, 형사법, 범죄학을 보고 2차 이후 절차는 사실상 순경 공채와 동일하다. 다만 체력검사의 경우 경찰간부후보생 시험처럼 2023년 하반기부터 순환식으로 변경되었다.

2023년 경찰청이 발표한 2022 경찰통계연보에 따르면 전체 채용인원 4,089명 중 공채에 의한 채용이 87.4%인 3,575명, 경채에 의한 채용이 12.6%인 514명으로 공채의 비중이 월등히 높았다.

여기서 필기시험 관련하여 하나의 접근법을 이야기하고자 한다. 나는 경찰 재직 시절 경찰 승진 시험, 간부후보생 선발 시험, 그리고 정보통신 경과에 해당하는 경력경쟁 채용 시험 출제위원으로 감금(?)생활을 한 적이 있다. 당시에는 경찰관이 직접 문제를 출제했다. 그러나 지금은 대학 교수들이 출제하고 현직 경찰관 중 전년 시험성적 우수자, 중앙경찰학교 입교생 중 성적 우수자가 출제장에 들어가 그 문제의 정오(正誤), 난이도 등을 검토한다. 역지사지(易地思之)라는 말이 있다. 입장을 바꿔 생각해 보자는 말이다. 경찰 채용 필기시험을 준비하면서 출제위원의 입장을 생각해보는 자세가 시험대비에 큰 도움이 될 수 있다.

출제 위원들이 가장 두려워하는 것이 무엇일까? 단연 출제 오류이다. 문제의 오류로 인해 복수정답이 발생하거나 전원 정답 처리를 해야 하면 합격자 자체가 바뀔 수 있다. 이 경우 경찰청 교육과의 시험행정에 큰 착오가 생기게 된다. 추후 손해배상 소송에 휘말릴 수도 있다. 출제 위원들의 머릿속을 그려 보자면 '오류 없는 문제'가 뇌의 상당부분을 차지하는 구조인 셈이다. 순경 공채, 간부후보생 선발, 승진 등 경찰에서 특히 중요하게 생각하는 시험의 경우 출제 위원들은 2주 이상 출제장에 갇혀 있다. 하지만 2주를 다 출제에 쓰지는 못한다. 작성한 문제를 서로 검토하고, 출제장에 들어온 경찰관들이 또 검토한다. 오류가 없다고 확신이 들면 출제위원장 결재를 받아 인쇄에 들어간다. 시험지 매수 자체가 많기 때문에 인쇄시간도 상당하다. 결국 출제위원이 순수하게 문제를 내는 시간 자체는 길게 잡아도 일주일을 넘길 수 없다. 짧은 시간에 오류 없는 문제를 내려면 어떻게 해야 할까? 답이 명확해야 한다. 논의의 여지없이. 그래서 경찰학 특히 각론은 법규 내용이 대다수이다. 형법도 판례의 태도를 묻는 문제가 많을 수밖에 없고 헌법 또한 마찬가지이다. 보기의 내용 자체가 이렇게도 저렇게도 해석될 여지가 있는 문제는 출제위원들이 가장 싫어하는 문제이다.

그런데 경찰을 준비하는 수험생, 경찰을 꿈으로 가진 청소년들 중에서도 경찰이 되기 위한 과정이 꼭 어려워야 하나며 의문을 가지는 사람들이 있다. 필기시험과 면접 등 여러 단계의 검증 과정이 필요한가라는 의문이다. 체력 강하고 무도 잘하면 경찰활동 하는 데 별 무리 없다는 생각으로 보인다. 그러나 경찰활동이 그렇게 단편적이지만은 않다. 형사법, 경찰학, 헌법 등의 학습 수준을 필기시험으로 측정하는 이유는 국민이 언제나 믿고 도움을 요청할 수 있는 경찰을 선발하기 위해서이다. 형사법적 분쟁의 현장에서 경찰에게 해결을 요청했는데 출동한 경찰이 형사법을 모른다면 국민이 법을 해석해야 할까? 헌법상 권리에 관한 기본 법의식이 없다면 기본권 침해를 그냥 참아야 할까? 경찰실무에 대해서도 알지 못한다면 잘 아는 경찰관이 올 때까지 계속 신고해야 할까? 그 국민은 다시 경찰에 도움을 구하지 않을 것이다. 그리고 이런 국민들이 많아질수록 경찰은 '세금 값 하지 못하는 믿을 수 없는 공권력'으로 자리매김하게 된다.

면접을 보고 중요성을 강화하는 것 또한 마찬가지이다. 신고 출동한 경찰이 기본적인 인성조차 갖추어지지 않은 자라면 괜히 와달라 했다는 생각만 들 것이다. 국민이 겪고 있는 갈등과 분쟁을 지극히 일상적인 해프닝으로 치부할 수 있다. 아픔에 공감하지 못한 채 무성의한 발언과 조치들로 일관할 수도 있다. 이러한 상황이 계속될수록 경찰은 '매정한 공권력'으로 인식될 것이다.

경찰이 되기 어렵다며 애로를 호소하는 대학생들에게는 이런 말을 하곤 했다.

"진입 장벽이 낮으면 사람들이 그만큼 그 직업을 선망하지 않는다는 뜻이다."

누구나 지원만 하면 쉽게 들어갈 수 있는 직업, 일할 사람을 선발하는 검증 과정이 매우 단순하거나 심지어는 없다시피 한 직업들은 사회적으로 선망 받지 못하거나 선호도가 낮을 가능성이 높다. 경찰이 되기 위한 검증과정의 난이도가 오르고 많은 사람들이 경합한다는 것은 어떤 이유에서건 경찰이 사람들에게 선호되고 매력적인 직업이라는 뜻이다.

신임 교육으로 다시 태어난다

경찰 채용 시험에 합격만 하면 바로 경찰 제복을 입고 일할 수 있는 것일까? 고교 특강을 나가서 이런 질문을 받은 적이 있다. '경찰 채용 시험을 보니 체력, 면접이 있기는 하지만 결국 몇 과목 공부해서 합격하는 시스템이다. 그것을 통과했다고 경찰 일을 제대로 할 수 있겠느냐.'는 궁금증이었다. 그 학생은 시험 통과 직후 바로 현장을 뛰어야 할 경찰 합격생을 걱정하고 있었다. 좀 더 정확하게는 본인이 시험에 합격하더라도 바로 일을 할 수 있을까 걱정하는 눈치였다. 대부분의 조직은 신입 직원들을 바로 현장에 배치하지 않는다. 채용 시험 합격은 그 사람이 조직에 들어와 일을 할 수 있는 기본적인 능력을 갖추고 있다는 점만을 검증한 것이다. 조직에 따라 특성화된 직무를 수행할 구성원으로 키우기 위해 별도의 신임 교육을 거친다. 경찰 또한 마찬가지이므로 앞서 설명한 걱정은 하지 않아도 된다.

가장 많은 경찰 합격생이 배출되는 순경 공채의 경우 충주에 있는 중앙경찰학교에서 신임 교육을 실시한다. 경찰로서 일선 현장에 나가 즉시 업무를 수행할 수 있도록, 그리고 경찰로서의 자세와 사명감을 가질 수 있도록 한다. 즉, 진정한 경찰을 만드는 기간이다. 합숙 교육이며 기간은 경찰의 인력 운용 사정에 따라 수차례 변화가 있었다. 현재는 6개월 학교 교육, 2개월 현장 지구대·파출소 실습으로 이루어진다. 이전에는 4개월 학교 교육에 4개월 현장 실습을 하였다. 학교 교육기간 중에는 무도, 운전, 사격 훈련 등과 함께 직무 관련 지식도 습득한다. 나는 매년 1회 우리 대학 학생들을 인솔해 중앙경찰학교 일일 경찰 체험을 다녀왔다. 학생들은 시뮬레이션 권총 사격과 VR(가상현실) 테이저건 사격 훈련을 체험한 바 있다. 경찰 채용 시험 합격생들은 실제 권총 사격과 테이저건 사격을 하고 있었다. 신임 교육기관에서도 실질적인 현장 대응력 강화를 위해 기민하게 대처하고 있음을 알 수 있었다. 한편 교육생들도 봉급을 받는다. 액수는 순경 1호봉의 약 80%에 해당한다.

중앙경찰학교에서도 가끔씩 퇴교자가 발생한다. 현행 법규 위반은 당연하고 내부 규칙 위반자에 대해서도 경중에 따라 퇴교 처분이 내려질 수 있다. 경찰 합격이라는 소중한 결과물이 무용지물이 되는 순간이다.

한편 중앙경찰학교 입교자들은 신임 교육 성적에 따라 배치 받은 시도경찰청 안에서의 순위가 정해진다. 1순위자부터 원하는 경찰서 발령을 받을 수 있기에 열심히 교육과정에 임한다. 내가 경찰로 있을 당시 만났던 신임 경찰들, 그리고 지금 학교에서 만나는 경찰 시험 합격생들의 이야기를 종합해보면 이렇다. 실질적으로 점수 차이가 많이 나는 과목, 즉 변별력이 높은 과목은 권총 사격과 순찰차 운전이다. 내가 공부해서 필기시험의 답을 맞히는 것은 상대적으로 큰 차이가 없다. 그러나 사격과 운전만큼은 기술적인 부분이라 상당한 차이가 난다는 것이었다. 실제 사격 이전에 교수님들이 이론적으로 조준과 격발 등 필요한 기술적 설명들을 해주신다. 하나도 놓치지 않겠다는 태도로 듣고 내 것으로 만들어 실제 사격에 임한다면 좋은 성적을 거둘 수 있다. 한 번에 여러 명이 사로에 들어가 훈련하는 사격과 달리 운전 수업은 그럴 수 없기에 실습 기회가 충분치 않다. 따라서 각 코스별 실전감을 빠르게 체득하도록 노력하여야 한다. 경찰 채용 시험의 응시 요건에 '1종 보통 이상의 운전면허 소지'가 있기 때문에 모든 신임 경찰들이 면허를 갖고는 있다. 그러나 면허가 실전의 운전 감각을 담보하지는 않는다. 그래서 감이 올라오지 않는 일부 교육생들은 교육 중 부여되는 휴가 기간에 주행 연습을 받기도 한다. 집 근처의 운전 학원에서 사비를 들여서 말이다.

경찰간부후보생 시험에 합격한 자는 아산에 있는 경찰대학에 입교해 1

년의 교육을 수료하고 경위로 임용된다. 직무에 필요한 전문 지식 외에 사격, 무도 등을 배우고 정기적으로 학과 시험과 경찰관서 실습, 인성 검사 등을 실시한다. 이 또한 합숙 교육이며 발령지 또한 1년간의 교육 성적으로 결정된다. 따라서 교육기간 중의 시험 성적에 많은 신경을 쓸 수밖에 없다. 경찰간부후보생 또한 사격에서 상대적으로 점수 차이가 크다고 알려져 있다. 교육생 중에는 결혼 이후 합격하여 입교한 학생들도 있는데 경제적인 측면에서 경위 1호봉의 80%에 해당하는 봉급을 받아 도움이 된다는 평이다. 순경 공채 등을 통해 경찰로 들어와 일하다가 시험에 합격한 교육생들도 있다. 그래서 일선 현장의 경사 이하 경찰관들도 관심을 보인다. 경찰 관련 학과에서도 우선 순경 공채로 입직한 후 간부후보생 시험을 보겠다는 학생들을 심심치 않게 볼 수 있다.

경찰대학은 최초 고교 졸업(예정)자를 대상으로 한 4년제 대학으로 출범하여 오랫동안 그 체제를 유지해왔다. 순수하게 1학년 입학만을 허용해 입학기수가 그대로 졸업기수가 되는 문화가 형성되어 있었다. 그러나 대학 개혁의 일환으로 2023년 입시부터 3학년으로의 편입 문호가 열렸다. 입학 후에는 대학이 정한 교육과정에 따라 대학생으로서 또 예비경찰로서 양쪽을 모두 감안한 교육을 받는다. 매월 소정의 수당도 받고 있다. 대학 기숙사에서 합숙을 하지만 주기적인 외출 · 외박이 부여되고 있으며, 교육과정 또한 군대식 문화에서 거의 탈피해 일반대학과 비슷하게 이루어지고 있다. 특히 졸업과 동시에 경위로 임용된다는 메리트를 갖고 있어 우수한 성적의 고교 졸업(예정)자를 유치하는데 결정적 역할을 하였다. 그러나 그간 존재했던 남학생의 병역의무 대체(기동대 소대장 복무), 학비 전액 면제 혜택은 폐지되었다. 2023년 현재 정부는 학부 과정의 폐지 또는 학부 졸업생의 입직시험 의무 실시 등 추가적인 변화를 검토하고 있는데 추이를 지켜볼 필요가 있다. [8]

경찰, 직업 안정이 보장된 직장

우리나라는 직업공무원제와 관련해 공무원의 신분과 정치적 중립성 보장 규정을 최상위법인 헌법에 두고 있다. 또 정권의 교체와 관계없이 일관된 행정을 유지하도록 공무원의 일반적 능력과 업적에 의해 임용을 보장하고 있다.[9]

직업공무원제는 젊은 인재를 하위 직급으로 임용시킨 뒤 정년을 보장한다. 그리고 단계를 밟아 승진하도록 제도화하기에 응시자에 대한 연령 제한을 둔다. 또한 전문적인 분야별 역량을 요구하지 않고 조직에 들어와 장기적으로 발전할 수 있는 가능성이 있는지를 먼저 본다. 전문능력이 없는 일반 수험생들도 시험을 통해 발전 가능성만 입증해주면 공무원이 될 수 있는 구조이다. 참고로 공무원이라면 모두 직업공무원제의 안정성을 누린다고 생각할 수 있지만 특수경력직 공무원들은 그 안정성을 전혀 보장받지 못한다. 국회의원처럼 선거에 의해 임용되는 정무직이나, 보좌관처럼 특정업무를 맡고자 별도의 방법으로 임용된 별정직, 국가와 채용계약을 맺고 근무하는 특수 분야의 계약직 공무원 등이 그렇다. 이들은 정년을 보장받지 못한다. 반면 경찰은 엄연히 직업공무원제의 적용을 받는 경력직 공무원이다.

직업공무원제는 실적주의와 연관이 있다. 실적주의는 엽관주의에 대한 비판에서 생겨났는데 엽관주의는 선거에 의해 정권을 창출한 정당이 관직을 임명하는 제도이다. 정권이 바뀌면 공무원들이 일제히 물러나고 선거 승리에 공이 있는 인물들로 채워진다. 미국이 특히 고위 공무원 인사에 엽관주의 원칙을 적용한다. 19세기 중반 미국에서 처음 생긴 전통이 아직도 고위 공무원 임용에 남아 있는 셈이다. 이 제도는 당연히 공무원들이 정치에 예속되는 부작용을 가져온다. 그래서 생겨난 것이 실적주의이다. 누가 정권을 잡든 상관없이 능력과 자격에 따라 공무원을 임용하는 제도이다. 우리나라도 실적주의를 도입하면서 공무원의 정치적 중립성을 확보하는 데 도움이 되었다. 특히 한번 임용되면 본인의 과오 없이 정년까지 일할 수 있는 직업적 안정성을 가져다주는 데 큰 기여를 하였다.

한편 우리나라의 공직 분류는 크게 계급제와 직위분류제로 나뉜다. 계급제는 우선 소속 공무원의 개인적인 특성을 바탕으로 횡단면의 계층을 만든다. 그리고 같은 계층에 같은 개인적 특성을 가진 자들을 배치해 업무를 수준별로 담당하게 한다. 쉽게 말하자면 경감 계급에는 경감 계급에 적합한 개인적 능력을 가진 자들을 임용한다. 그리고 그 수준에 맞는 보직을 주어 업무를 맡게 한다는 뜻이다. 경감에 적합한 능력을 가진 자들이 경찰서 강력팀장도 하고 경찰서 생활안전계장도 하고 지구대장도 하고 경찰청 실무반장도 한다. 같은 계급이지만 하는 일은 확연히 다르다.

공개경쟁 채용으로 순경을 신규 채용할 때도 경찰학 등을 비롯한 필기시험, 체력검사, 면접시험 등을 통해 일반적인 능력과 교양을 검정한다. 여기서 검증된 자들을 임용한 후 지역경찰로서의 의무 복무 기간만 채우면 각각 다른 보직에 임용을 한다. 이 또한 계급제에 따른 인사운용이라 볼 수 있다. 계급제는 일반적인 행정 능력자를 선발하기에 직업공무원제와도 연관되어 있다.

계급제와 다르게 직위분류제는 각각의 직위가 담고 있는 직무의 종류와 책임에 따라 직종과 직급을 분류한다. 동일 직무 동일 보수, 즉 같은 일을 하는 자는 같은 보수를 받는다는 원칙에 부합한다. 그래서 합리적인 보수 수령의 기준을 제시한다는 장점이 있다. 직위분류제를 적용받는 공무원들은 장기간에 걸쳐 해당 직책을 맡는다. 계급제 공무원들이 주기적으로 보직을 옮기는 것과 다르다. 따라서 직위분류제 공무원들은 전문가로 거듭나기에 유리하다. 다만 조직의 다른 분야에 대한 이해가 상대적으로 어둡다는 단점이 있다. [10] 경력경쟁 채용, 수사경과제, 전문직위제, 개방형 직위제 등은 직위분류제적 요소를 담은 제도들이다. 경찰은 계급제가 기본이며 일부 직위분류제 요소를 가미하고 있다. [11]

경찰은 계급제를 바탕으로 여러 부서를 거친 일반행정가를 계속 배출해왔다. 동일 계급에서도 여러 직무를 경험하였기에 모든 부서를 관장해야 하는 지휘관이 되면 역량을 잘 발휘한다. 하지만 거꾸로 살펴보면 한 분야를 깊이 파고든 전문가가 부족하다는 뜻이기도 하다. 강한 직업공무원제의 전통도 효율적인 직무, 전문적인 직무 수행에 장애로 작용했다. 국민들 입장에서는 모든 분야를 두루 아는 제너럴리스트보다 내 민원 하나를 전문적으로 처리해줄 스페셜리스트를 더 원한다. 이 점이 경찰 인사구조의 변화에도 영향을 미치고 있다.

또한 최근에 직장을 잡는 구성원들을 보면 획일화된 체계 안에서 정해진 길을 가는 것을 선호하지 않는 특성이 있다. 경찰뿐만 아니라 모든 취업 전선에서 나타나는 현상이다. 이들은 빠르게 변화한 정보통신 기술을 선두에서 흡수하며 주변의 정보를 편리하고 광범위하게 받아들인다. 그리고 그 안에서 필요한 정보를 취사선택하고 있다. 그래서 직장 안에서도 계속 변화와 발전을 추구하며 평생고용이란 개념에 목매지 않는다. 다른 직종으로의 이동도 각오하고 있다는 뜻이다. 게다가 MZ세대 이후에 태어난 지금의 초등학생 이하 세대, 알파 세대는 태어날 때부터 스마트폰을 당연히 존재했던 것으로 받아들인 세대이다. 앞날이 불확실한 세상에서 변화를 추구하는 경향이 더 강해질 것이다. 이들에게 경직적인 관료제 조직은 그다지 매력적이지 않다. 조직의 인사관리가 보다 유연하게 변해야 하는 또 하나의 이유이기도 하다. 21세기 들어 소프트웨어 업계를 중심으로 'Agile(민첩한)'이라는 말이 유행하기 시작했다. 하나의 S/W를 완벽히 만들기보다 수시로 변하는 개발환경이나 S/W 선호도에 따라 신속하게 만들고 수시로 개선해나가려 한다. 그래야 살아남을 수 있다는 자성에서 탄생한 직무 방식이다. 경찰도 이러한 방식을 조직 관리에 적용해 시시각각 변하는 치안의 흐름에 대응하려 하고 있다. 유연하게 정원과 인력을 조정할 수 있는 시스템을 갖추어 후속 세대에게도 외면 받지 않는 노력을 해나갈 예정이다. [12]

경찰이 기본적으로 직업공무원제를 적용하여 안정적인 공직생활을 보장하려는 기조는 여전히 유지된다. 다만 조직 전체의 입장에서 업무의 효율과 능률을 확보하기 위한 전문화 계획을 갖고 있다. 특정 보직에 개방형 직위제, 전문직위제 등을 적극적으로 임명하고 확대하려 한다. 현재 경찰청 감사관에는 경찰관이 아니라 관련 경험이 있는 외부 민간인을 채용하는 개방적 인사를 시행하고 있다. 앞으로 경찰은 4차 산업혁명 분야 전문가를 경찰관으로 임용해 전문적인 경찰활동을 펼쳐야 한다. 이는 시대적 요청이기도 하다. 융합해야 할 빅데이터와 인공지능, IT 기술 등 관련 분야가 그러하다. 국민의 안전과 직접 연결되는 신생 치안 분야에도 다른 부처에서 관련 업무를 수행했던 전문가를 임용할 예정이다. 신종 범죄 예방과 범죄 피해자의 보호, 재난 대비 등의 분야가 그러하다. 시대의 변화에 따라 탄력적으로 선발 보직을 변경할 수 있도록 이들은 임기제로 임용될 예정이다. 경찰은 궁극적으로 신축적이고 역동적으로 사회 흐름에 대응할 수 있는 조직을 만들고자 하고 있다.

앞으로는 현장부서와 비(非)현장부서를 구분하여 인사를 다른 궤도에서 운용할 필요도 있다. 지금의 강력한 계급제 전통 아래에서는 경찰관들이 승진과 전보 인사 때마다 현장과 비현장부서를 별다른 기준 없이 넘나든다. 전문성에는 분명한 마이너스이다. 현장부서와 행정 중심의 비현장부서 모두 각각의 업무 전문성이 요구되는 만큼 둘을 나눌 필요가 있다. 그래서 인사운용과 보수 지급 등의 기준 자체도 달리함이 바람직하다. 경찰이 시민 신뢰를 받으며 제대로 활동하려면 우선 현장부서가 발전해야 한다. 이는 현장에 대한 인사상 혜택과 보수의 우대로 이루어야 한다. 우선 심사승진자 인원 자체를 현장과 비현장으로 각각 분리 배정할 수 있다. 그러면 현장부서 근무자의 일정한 승진비중을 보장할 수 있다. 이외에도 '112 신고 출동 수당'처럼 현장부서 특성에 맞는 수당의 상한을 높일 수 있다. 초과 근무 수당의 단가를 현장부서에 조금 더 높게 책정하는 방안도 있다. 이와 같이 경찰 조직이 현장 경찰관을 우대한다는 시그널을 확실히 보여주어야 한다.

직업적 안정성의 핵심은 정년 보장이다. 경찰공무원법에서 규정한 경찰의 연령정년은 60세로 다른 공무원들과 별다른 차이가 없다. 그런데 계급정년이란 특수한 제도가 있다. 경찰, 소방, 군 등 특정직 공무원 일부에서만 존재한다. 일정 계급에서 법으로 정해진 기간 내에 승진하지 못할 경우 자동으로 퇴직처리된다. 현재 경찰은 치안감 4년, 경무관 6년, 총경 11년, 경정 14년의 계급정년을 두고 있다. 경정으로 승진하고 14년 이내에 다음 계급인 총경으로 승진하지 못하면 제복을 벗는다는 의미이다. 대상자의 나이가 몇 살인가에 관계없다. 1983년 이후로는 경위 이상부터 계급정년이 있었다. 다행히 1998년 경위와 경감의 계급정년을 폐지해 지금은 경정 이상만 존재하고 있다. 계급정년 제도의 가장 큰 장점은 조직의 순환이 원활해진다는 점이다. 상위 계급자가 퇴직하면서 생기는 공석이 많을수록 하위 계급자가 승진할 수 있는 기회 또한 많아진다. 단순히 말해서 계급정년이 없는 일반행정 조직은 오로지 연령정년 퇴직자만큼 공석이 발생한다. 그러나 경찰처럼 계급정년이 있는 조직은 연령정년에 더해 계급정년 퇴직자만큼 공석이 더 발생한다. 따라서 하위 계급자의 승진 기회 또한 늘어나게 된다.

하지만 계급정년이 장점만 있는 것은 아니다. 계급정년과 관련해 현실적으로 가장 많은 문제가 거론되는 계급은 경정이다. 그 이상의 계급은 다음 계급의 승진에 실패해도 연령정년인 60세와 계급정년의 도달연령에 보통 차이가 없다. 설명하자면 이렇다. 간부인 경위로 입직한 경찰관들도 총경은 40대 후반에 되는 경우가 많다. 이들이 그 다음 계급인 경무관으로 오르지 못해도 계급정년 11년 뒤에는 연령정년인 60세와 거의 비슷한 나이가 되어 큰 문제가 없다. 하지만 총경 아래 계급인 경정은 40세 전후로 많이 임용된다. 이들이 14년 이내 총경 승진을 못하면 60세 연령정년과 관계없이 직을 그만두어야 한다. 그 나이는 보통 55세 이전이다. 일반적인 대한민국의 55세 남성에게는 본인이 책임져야 할 가정이 있고 자녀들은 한창 학비가 많이 들어가는 연령대이다. 이 때 퇴직하면 앞일이 캄캄하다.

그러다 보니 경정에서 총경(경찰서장)으로 승진하기 위한 경쟁은 생존 싸움으로 변했다. 이전에는 현실적으로 경위 이상 입직자들만 40세 전후에 경정으로 오를 수 있었다. 그래서 대상자 범위가 작았다. 하지만 지속적으로 승진 소요 최저 연수가 줄어들어 이야기가 달라졌다. '승진 소요 최저 연수'란 한 계급에서 다음 계급으로 올라가는데 거쳐야 할 최저 근무 연수를 말한다. 지금은 순경 공채 등 경사 이하 입직자들도 40세 전후에 경정까지 승진할 수 있다. 게다가 현 정부는 순경부터 경무관까지 11년만에 승진 가능하도록 제도를 손보았다. 이제 계급정년을 의식할 대상자는 더 늘어날 수밖에 없다. 순경 공채로 들어와 승진을 통해 이상을 실현하고자 하는 경찰관에게도 현실적인 문제가 된 것이다. 계급정년 제도의 개선에 대해 면밀히 검토해야 한다. 지금의 경정들이 가정에서 무능한 엄마아빠가 되지 않으려면 승진 외에 뾰족한 대안이 없다. 승진하지 못하면 일찍 옷을 벗고 가정에서 제대로 된 구실을 못할 수도 있다는 심리적 압박을 해소해주어야 한다. 이를 해소하지 못하면 비정상적인 인사 경쟁과 부조리는 근절되지 않는다. 2023년 경찰청이 발행한 2022년 경찰통계연보에 의하면 총경의 정원은 638명, 그 아래 계급인 경정의 정원은 3,064명이다. 경정에서 총경으로 오르는 것 자체가 쉽지 않은 구조이다. 게다가 경찰의 승진제도에서 시험승진은 경정까지만 가능하다. 총경부터는 오로지 심사승진으로만 할 수 있다. 심사는 시험에 비해 근본적으로 객관성을 담보할 수 없다. 결국 담보되지 않는 객관성의 공백을 본인에게 유리하게 채우고자 노력하게 된다. 인사에 외부 영향력까지 동원하는 구조이다.

"일 잘하는 것도 능력, 줄 잘 잡는 것도 능력이다."

공공연하게 이런 이야기가 돌았다. 비정상이라 아니할 수 있을까? 조직의 건강한 발전을 위해서 꼭 개선해야 할 제도이다.

나도 경정으로 승진하고 2년이 지난 뒤 경찰청 계장 직위공모에 응모했었다. 응모한 자리에 지원한 자는 16명, 경찰청 다른 계장 자리들의 지원율도 비슷했다. 경찰청은 전국의 치안을 관장하기에 업무 부담이 상당하다. 대신 그를 감안해 총경 승진자도 상대적으로 많이 배정된다. 계급정년에 걸리지 않으려는 경정들이 업무 부담을 불사하고 들어가려 해 경합이 특히 심했다. 그해는 짧은 기간에 인사가 진행되어 별도의 면접 없이 서류심사만 이루어졌다. 그런데 내정자 발표 전 내가 응모한 자리의 소속 과장(총경)으로부터 전화가 왔다.

"네 선배가 와야 적임인데, 넌 아직 젊고 내년에도 기회가 있잖아."

나의 경찰청 기획 부서 경험이 그 선배에 비해 절대적으로 적었기에 과장이 그리 말했음을 안다. 다만 앞으로 '아프니까 청춘이다'식의 화법은 쓰지 말아야겠다고 다짐했던 순간이기도 하다. 계급정년의 압박은 젊을수록 더 심하다. 게다가 다음해 인사는 1년 뒤에 승진한 경정들이 내정되기 더 유리하다. 흔히 말하는 '아래서 치고 올라오는' 구조이다. 결국 다음해 나는 경찰청이 아닌 인천경찰청으로 들어갈 수 있었다. '아시안게임 축구장의 황 과장'을 기억해준 인천경찰청 과장(총경)이 계셨기에 가능했다. 그 사례는 '국민을 안전하게 지키는 경찰 현장'을 이야기할 때 말씀드리고자 한다.

그리고 5년 6개월 뒤, 나는 계급정년을 6년여 앞둔 시점에서 총경으로 명예퇴직했다. 나와 같은 해 경정에 오른 자들이 주력으로 총경 승진에 도전할 시기는 1년 6개월 남아 있었다. 내가 인천경찰청이 아닌 경찰청으로 들어갔다면 다른 선택을 했을까. 예언가가 아니니 알 수 없는 노릇이지만 경찰청 전입 실패는 분명 삶의 변화에 한몫을 했다. 결과적으로는 긍정적이었다. 인천경찰청에 오며 상대적으로 얻은 것이 많았기 때문이다. 그리고 지금의 내 위치로 오는 데 결정적 역할을 했기 때문이다.

인천 집에서 출퇴근하며 미력하나마 세 아이들을 돌볼 수 있었다. 그 과정에서 아이들과 같이한 시간들은 소중했다. 그랬기에 지금도 아이들은 아빠를 찾는 것 같다. 와이프만 육아 고생하지 않게 함께 참여할 시간도 있었다. 다행이었다. 삶을 다른 관점에서 바라볼 여유가 생겼다. 나는 외적 동기, 승진에만 매달리지 말고 내가 정말 하고 싶은 것을 하자고 마음먹었다. 나의 내적 동기에 진정하게 반응하자고 마음먹었다. 주말을 이용해 박사과정을 밟았다. 그리고 결과물인 학위를 통해 지금의 자리에 올 수 있었다. 생기 넘치는 대학생들, 예비경찰들을 만난 것은 내게 예정된 또 하나의 길이었다.

경찰은 얼마나 받을까

공무원은 우선 경력직과 특수경력직으로 분류한다. 우리가 아는 일반적인 직업공무원제도의 적용을 받는 사람들은 경력직이다. 이 경력직 안에서 일반직과 특정직, 기능직이 존재한다. 경찰, 소방, 법관, 검사, 외무, 군인 등 특정 분야의 직무를 담당하는 자들은 특정직으로 분류된다.

정부는 매년 1월 공무원 급여표를 공표한다. 경찰은 특정직 공무원 중 경찰·소방공무원 등의 급여표 적용을 받는다. 2023년 기준 순경 1호봉 봉급은 177만 원, 경위 1호봉 봉급은 220만 원이 조금 넘는다. 하지만 실제로 이 금액만 수령하는 것은 아니다. 물론 본봉에서 보험료, 기여금 등의 공제가 있기는 하다. 하지만 직무를 수행하며 받는 수당은 이에 포함되지 않은 금액이다. 우리는 봉급이라는 표현을 많이 쓴다. 그러나 실제 경찰관의 주머니에 들어오는 금액은 봉급과 각종 수당이 합해진 '보수'이다. 공무원의 보수에 대해서는 일을 한 대가라는 의견과 공무원으로서의 생활을 보장하기 위한 지급이라는 의견이 있다. 지금은 2가지 성격을 모두 가진 것으로 본다. 결국 공무원의 보수는 우선 공무를 수행한 것에 따라 적절히 지급되어야 한다. 그리고 국가와 국민을 위해 일하는 공무원이 생활 걱정 없이 직무에 전념할 수 있도록 최소한의 보장을 해주어야 한다. 국가공무원법도 공무원의 보수에 관하여 일반의 표준 생계비, 물가 수준, 그 밖의 사정을 고려하여 정하되, 민간 부문의 임금 수준과 적절한 균형을 유지하도록 노력하여야 한다고 규정하고 있다.

경찰공무원에게도 다른 공무원처럼 정근수당, 명절 휴가비와 성과상여금 등이 부수적으로 지급된다. 정근수당은 연 2회 지급되며 10년 이상 근무자의 경우 월봉급액의 50%가 지급된다. 명절 휴가비는 연 2회 60%가 지급된다. 성과상여금은 연 1회 등급에 따라 100% 내외에서 차등 지급된다. 순경 공채나 경위 공채의 경우 첫 근무지로 지구대·파출소에 가게 되는데 교대근무에 따른 초과 근무 수당, 지역경찰 활동 수당, 신고 출동 수당 등 각종 수당이 있다. 다른 부서에서도 현장의 직무수행에 필요한 부가 수당들이 존재한다. 하지만 이러한 수당이 결코 충분하다고는 볼 수 없다. 본인의 생명과 신체에 위험이 따를 것을 알고도 현장에 있는 국민을 구하기 위해 나서야만 하는 사람들이 경찰이다. 하지만 경찰관에게 주어지는 위험 근무 수당은 본능을 제어할 만큼 충분하지 않다. 그리고 경찰은 공안직에 비해 봉급이 낮았다. 이는 경찰과 같은 급여표로 묶여 있는 소방도 마찬가지였다. 다행히 정부는 2023년 들어 경정 이하 계급부터 공안직과 같은 수준의 본봉을 책정해 불공평을 해소하였다.[13] 다른 예산에서도 이와 같은 개선이 확대되기를 기대한다.

경찰은 언제 일할까

흔히 경찰 하면 365일 24시간 조직이라고 한다. 단 1초도 잠들지 않고 잠들 수도 없다는 의미이다. 틀린 말은 아니다. 조직 전체의 입장에서는 말이다. 한 사람이 이렇게 일하면… 쓰러진다. 그래서 경찰관 개개인의 근무 시간은 정해져 있다. 경찰도 근로기준법을 비롯해 국가공무원법과 경찰공무원법, 관련 근무 규정의 적용을 당연히 받는다. 일단 내근과 외근으로 분류하여 살펴보자.

내근 경찰관은 주 40시간 적용 대상자이다. 경찰청과 시도경찰청의 기획 부서 근무자들이 이에 해당한다. 경찰서 경무과, 생활안전과, 공공안녕정보과, 청문감사관실, 수사과 근무자, 그리고 경비과, 교통과, 형사과, 여성청소년과, 112 치안종합상황실 안의 지원부서 근무자들도 대상자이다. 이들은 평일 오전 9시부터 오후 6시까지, 점심시간 1시간을 제외하고 하루 8시간 근무한다. 이외의 시간에 잔업 처리 등을 하고자 근무한 시간은 초과 근무 수당을 통해 보전 받는다.

반면 외근 경찰관은 부서마다 조금씩 근무시간의 차이가 있다. 외근부서는 365일 24시간 운영되어야 하기 때문이다. 모든 시간을 3~5개 팀이 돌아가며 담당하는 시스템이다. 몇 교대로 운영할 것인지는 해당 지역과 부서의 특성에 따라 다르다. 가장 많은 경찰관이 소속된 지구대 · 파출소의 경우 도심권은 4교대, 기타 지역은 3교대가 일반적이다. 신고가 많은 도심권은 5교대를 하기도 한다. 4교대를 예시로 들면 1일차에는 오전에 출근해 저녁에 퇴근하고, 2일차에는 저녁에 출근해 다음날 아침 퇴근하며, 3일차와 4일차에는 휴식을 취한다. 출퇴근 시간은 일괄적으로 지정되어 있지 않고 경찰서마다 조정권이 있어 각기 다르기는 하다. 그러나 1일차 주간근무시간과 2일차 야간근무시간을 합쳐 도합 24시간이 됨은 동일하다. 이들의 근무시간은 4일에 24시간으로 1주를 기준으로 산정할 때 40시간을 넘는다. 따라서 초과 근무 시간이 발생하며 그 시간만큼은 당연히 수당으로 보전 받고 있다.

형사과의 경우 일반 폭력 사건 등을 처리하는 당직팀은 3~4교대를 한다. 4교대의 경우 4일에 하루 당직 근무를 하며 밤을 샌다. 강력 사건을 수사하는 강력팀은 경찰서 규모에 따라 팀 수가 다르고 근무 체계도 그의 영향을 받는다. 예를 들어 6개 강력팀이 있으면 4일은 일근이라 하여 오전 출근, 오후 퇴근을 한다. 나머지 1일은 당직, 그 다음날 1일은 비번이 되는 시스템이다. 여성청소년과 안의 수사팀 또한 이와 비슷한 근무 체계를 갖고 있다. 교통과에서 지역 내 도로를 순찰하며 교통 단속과 소통 업무를 담당하는 교통안전팀은 3~4교대를 주로 한다. 4교대라 하면 4일에 하루 당직 근무를 하는 셈이다. 지금까지는 가장 기본적인 외근부서들의 근무 체계를 이야기하였다. 경찰서 세부사정에 따라 조정이 가능하기에 경찰서마다 차이는 있다. 한편 경찰청은 국민이 경찰을 가장 필요로 하는 시간에 가장 많은 경찰관들을 근무하게 하려 한다. 그래서 개선된 교대 근무 방안을 연구하고 있다. 현재 일부 지구대·파출소에서 시행하는 5교대가 심야시간에 1.5개팀을 근무케 하기 위한 목적으로 나온 것이다. 이처럼 변형된 교대 근무 방안이 지속적으로 나올 가능성도 있다.

그렇다면 경찰관들은 내근과 외근 중 어떤 근무 체계를 선호할까? 물론 개인의 성향에 따라 다르다. 그러나 최근 입직한 젊은 경찰관들은 외근을 좀 더 선호하는 것으로 보인다. 경제적으로 보다 여유로운 부서를 원하는 경찰관들이 우선 외근을 선호한다. 외근 부서는 근무 시간 자체가 내근 부서보다 많아 시간외 수당을 더 받을 수 있다. 외근의 특성에 따른 직무수당도 있어 상대적으로 보수가 높다. 그리고 워라밸(work-life balance)을 추구하는 젊은 경찰관들도 외근을 선호하는 경향이 크다. 교대 근무를 하면 평균적으로 3~4일에 1회 밤샘 근무를 해야 해서 신체적인 피곤함은 상당하다. 하지만 퇴근 시간에 맞춰 다음팀이 출근하기 때문에 퇴근하면서 소위 눈치볼 일이 없다. 그래서 취미생활 영위 또는 육아에 도움이 된다는 이유에서 선호한다. 내근은 보통 9시보다 일찍 출근하기에 어린 아이의 등교지원과 육아에 애로가 있다. 자신만이 맡은 담당 직무가 명확하기 때문에 잔업이 있으면 밤늦게 퇴근해야 할 경우도 있다. 그래서 내근부서를 기피하는 경향도 보인다.

반면 밤샘 근무에서 오는 신체적 피로, 대민 업무에서 오는 정신적 피로에서 비교적 자유롭고자 하는 경찰관들은 내근을 선호한다. 그리고 본인의 성격이나 업무능력이 내근과 부합한다고 생각하는 경찰관들은 최대한 내근부서 생활을 이어가려 한다. 이러한 판단들은 그들이 본인의 특성을 성찰하고 삶의 질을 높이기 위해 행한 선택들이다. 내근이냐 외근이냐는 정답이 없는 문제, 오직 개인에게 맞는 해답만이 있는 문제이기 때문이다.

내 선택에 따른 경찰 초임지

경찰이 가장 많은 인원을 받아들이는 순경 공채의 경우 내가 근무하기를 원하는 시도경찰청에 원서를 접수한다. 합격하면 당연히 그 시도경찰청 내에서 발령을 받게 된다. 그래서 응시지역을 정하는 선택에는 상당한 주의가 필요하다. 내 스스로 나에 대해 물어보는 과정을 필수적으로 거쳐야 한다. 경찰은 처음 발령받은 시도경찰청을 떠나 다른 시도경찰청으로 전보될 수 있다. 하지만 현재 순경 공채자의 전보 제한 기간은 10년이다.[14] 원칙적으로 첫 발령받은 시도경찰청에서 10년을 근무해야 내 고향 찾아 갈 수 있다는 뜻이다.

우리 대학생들 중에서도 경찰 채용 시험용 시험을 어느 시도경찰청으로 지원할지 고민인 학생들이 있었다. 대부분이 고향인 부산 또는 경남으로 지원할지, 아니면 선발인원이 많은 수도권 지역 시도경찰청으로 지원해 합격 가능성을 높일지를 두고 고민하였다. 나는 그렇게 물어봤다.

"너 고향 떠나서 사는 거 괜찮아?"

새로운 지역 적응이 꺼려지는 사람, 비수도권 출신으로서 수도권 생활에 두려움이 있는 사람이라면 가지 말라고 한다. 우리 학교 출신이 한 명이라도 더 경찰에 합격한다면 교수인 내 입장에서야 반갑다. 그러나 그 학생의 인생은 그리 간단히 생각할 문제가 아니니까 말이다. 20대 중후반에 경찰이 된다고 하면 첫 발령지역에서 10년 근무할 경우 30대 중후반이다. 비혼주의자가 아니라면 그 지역에서 결혼했을 가능성이 높다. 해당 지역 사람과 결혼하고 난 뒤 내 고향 찾아 떠나기는 쉽지 않다. 난 경찰 재직 시절 그 문제로 가족과 대립하다 혼자 연고지 인사로 이동하는 경찰관들을 보았다. 그리고 상당수가 몇 년 안 가 다시 돌아왔다.

하지만 새로운 지역 적응에 거의 거부감이 없거나 오히려 새로운 환경을 즐기는 사람도 있다. 우리 학생들 중에도 그런 경우가 있었고 이들에게는 본인의 선택대로 지원하도록 두었다. 그 학생은 최초 합격한 시도경찰청에서 가정 꾸리고 잘 적응해 살리라 생각했기 때문이다. 나는 경찰대학을 졸업하고 20여 년 동안 시도경찰청간 전보를 6차례나 하였다. 시도간 전보를 단 한 번도 하지 않은 동기도 있다. 내가 한 곳에 정착할 운명이 아닌 모양이었다. 희망해서 한 전보는 단 1차례에 불과했고 나머지는 모두 승진에 의한 발령, 원 근무지로의 복귀 발령 또는 특정 출신을 대상으로 한 전국 발령이었다. 수많은 전보가 나를 피로하게 만들기는 했다. 그러나 여러 번의 전보 과정에서 내 안에 생긴 마음가짐은 '새로운 곳에 사는 거 두렵지 않다.'였다. 사실 첫 전보 때에는 내가 자라지 않은 지역에 살러 간다는 것이 두려웠다. 그런데 몇 번을 거치니 두려움이 사라졌다. 어쩌면 그렇게 두려움이 제거되어 최근의 이직과 부산행도 가능했는지 모른다. 대학 졸업 후 인천에서 기동대 소대장으로 병역을 이행하고 난 뒤 전국적인 동기 발령이 있었다. 희망과 다르게 전북으로 가게 되었고 그것은 내 좌표 이동사(史)의 시작이었다. 이후 우여곡절 끝에 서울 파견, 경찰청, 인천, 충남 아산의 경찰인재개발원을 거쳤다. 그리고 2013년에 다시 인천으로 복귀했다. 대한민국의 가장 북서쪽이라 할 수 있는 인천이 주요 근거지이다 보니 거리가 먼 동쪽으로는 갈 생각을 하지 않았다. 이후 8년을 넘게 인천에 근무하며 좌표를 정착하는 듯 보였지만 2021년 대한민국의 가장 동남쪽이라 할 수 있는 부산으로 좌표를 찍으며 이동 범위를 크게 넓혔다.

다시 본론으로 돌아오자. 난 경찰 재직 시절 연고지 인사를 신청하고 고향이 있는 시도경찰청으로 가고자 대기하는 경찰관들을 수도 없이 보았다. 그리고 경찰 내부 전산망으로 공지되는 그들의 대기 순번을 보면서 경악했던 기억이 있다. 경찰은 여타 공(公)조직과는 다르게 연고지 인사에서 지방 지역의 인기가 높다. 서울에서 한 명이 부산행을 희망하고 부산에서도 한 명이 서울행을 희망해야 인사교류가 성립되는 형태는 다른 공조직과 다를 바 없다. 그러나 다른 대규모 조직의 구성원인 교육공무원은 서울행 희망자가 넘쳐 대기한다면 경찰공무원은 지방행 희망자가 넘쳐 장기간 대기하는 차이가 있다. 특히 소위 인기 시도경찰청이라 불리는 곳은 대기하다 지쳐 대기자 명부에서 빠져나가는 포기자들을 많이 볼 수 있었다. 본인이 고향을 떠나 살 자신이 없다면 고향에서 승부를 보자. 하지만 이동이 두렵지 않다면 전략적으로 내 운명을 타지에 맡겨 보는 것도 좋다고 생각한다.

III

변하는 시대에
맞춰나가는
경찰 조직

너 몇 살이냐? 이제는 상호 존중

"너 몇 살이냐?"

많이 듣는 질문이다. 그런데 무슨 나이로 이야기해야 맞는지 항상 헷갈렸다. 한국식 나이, 연 나이, 만 나이… 현 정부는 국정과제의 하나로 '만 나이 통일'을 추진했고 민법과 행정기본법을 개정하였다. 여러 가지 나이 계산법을 모두 쓰면서 발생하는 사회적·행정적인 혼란과 분쟁을 해소하기 위해서였다. 이러한 과정을 바라보며 경찰 조직에서 겪었던 한 일화가 떠올랐다.

경찰관서도 주말에는 관서장이 출근하지 않는다. 대신 과장급 중 한 명이 상황관리관을 맡아서 주말의 치안상황을 관장한다. 보통 당직자들을 상황실에 모아 교양하는 것으로 근무를 시작한다. 오늘의 중요 예정 사항을 점검하고 당직 근무시 유의사항 등을 강조한다. 시도경찰청에 근무 중일 때의 일이다. 그날은 주말이어서 과장(총경)중 한 명이 상황관리관을 하였다. 아침 8시 50분 그는 어김없이 당직자들을 모아 교양을 하고 있었다. 그런데 업무적인 사항들을 점검한 뒤 갑자기 당직자 한 명에게 물었다. 참고로 이때는 2016년이었다.

"자네 올해 몇 살이야?"

"네? 아... 저는 올해 35살입니다."

"그럼 자네 몇 년생인데?"

"1982년생입니다."

"생일은?"

"○월 ○일입니다."

"그럼 두 살이나 높였네?"

"네? 그게 무슨 말씀이신지."

과장이 원한 답은 만 나이였고 당직 경찰관이 대답한 본인의 나이는 한국식 셈법에 의한 나이였다. 태어날 때부터 한 살을 먹고 시작하는 나이 말이다. 한국식 셈법에 의한 나이를 만 나이로 바꿀 경우 생일이 경과했으면 한 살, 생일이 지나지 않았으면 두 살이 줄어든다. 과장은 이리 말했다.

"다들 나이 한두 살씩 더 못 먹어서 아쉬워? 그렇게 나이 들어 보이고 싶어?"

　유교 문화의 전통이 자리 잡고 있는 한국 사회에서 나이는 매우 중요한 서열 확정 수단이기도 하다. 보통 내 액면가(?), 즉 몇 살로 보이는가는 한 살이라도 낮게 책정되기를 원한다. 하지만 사회에서 공식적, 비공식적으로 맺어지는 수많은 관계망 안에서는 한 살이라도 많게 인식되고자 하는 욕망을 보여왔다. 과장은 그것을 지적한 것이었다.

　현재 경찰 조직에서 가장 고참 축에 속하는 분들 사이에서는 이런 일화들이 많았다.

　"내가 주민등록상으로는 1965년생이지만 실제는 1963년에 태어났어. 부모님이 늦게 호적에 올려서 그래."

　"네가 나보다 한 살 많다는 이야기를 하고 싶은 거야? 그거 증명할 수 있어?"

　예전에는 어린 자식들이 많이 죽어 부모가 호적등재를 늦게 하는 경우가 꽤 있었다. 그런 시대상을 반영한 모습들이기도 하다. 하지만 비슷한 연배끼리 이런 대화를 하며 소위 '기싸움'을 시전하는 모습도 은근히 많았다. 기본적인 예의를 갖추기 위해 단순히 나이의 많고 적음을 확인하기는 한다. 그러나 직장 내에서 업무와는 무관하게 상위 서열을 확정해 손쉽게 동료를 부리고자 하는 시도라면 분명 지양해야 한다.

　'나이도 계급이다.'라는 말을 경찰에 입직한 이후 많이 들었다. 한 살이라도 더 인정받으려는 문화와 깊은 연관이 있는 말이기도 하다. 이 말은 어떻게 활용되느냐에 따라 조직문화에 긍정적으로도 부정적으로도 영향을 줄 수 있다. 나는 이 말을 같은 계급 사이에서 연장자를 대우해주라는 뜻으로 받아들였다. 그리고 다른 계급 사이에도 나이가 많으면 그의 경륜을 존중해주라는 뜻으로 받아들였다.

경찰은 군대와 같이 계급에 따른 상명하복체계가 잘 확립되었다고 알려져 있다. 11개의 계급에 따라 보직이 있고 보직에 따른 지휘체계가 공식적으로 갖추어져 있다. 하지만 계급이 많다 보니 나이의 높고 낮음과 계급의 높고 낮음이 역전되는 경우가 흔하다. 즉, 젊은 상급자와 연장자인 하급자가 공존하는 경우가 흔하다. 나처럼 순경이 아닌 경위로 경찰을 시작한 사람은 이러한 경우에 허다하게 놓여야 했다.

나는 직무중 연장자인 팀원에게 기분 나쁜 대우를 하지 않도록 특히 주의했다. 같은 말 하나라도 젊은 상급자가 말하면 전혀 다르게 느껴질 수 있기 때문이다. 연장자가 팀원이라고 말을 놓는 것은 생각해보지도 않았다. 고압적인 명령보다는 정당한 직무 지시로 인식되도록 용어 사용에 신경을 썼다. 특히 현장 부서에 근무할 때는 연장자인 팀원들의 경륜이 빛을 발하는 경우가 많았다. 그럴 때는 내 직무에 도움을 주어 감사하다는 뜻을 꼭 표시하고자 했다. 연장자인 팀원분들 또한 계급체계의 기본을 알고 있기에 내 직무상의 지위를 존중하는 모습을 보여주었다. 정당한 직무지시에는 최선을 다해 따라주었다. 잘못된 지시라 생각되면 조용히 와 다른 견해를 제시해주었다. 상호 존중이 되지 않으면 상급자는 독선에 빠져 잘못된 지휘를 할 가능성이 커진다. 반대로 하급자는 방향이 잘못되어 감을 느껴도 바로잡아주지 않는다. 다행히 내가 만난 경찰관들은 중요한 순간 내 잘못을 바로잡아주었다. 나 또한 그분들의 직무 의지를 꺾지 않으며 윈윈(win-win)해나갔다. 29세의 나이로 지구대 순찰팀장을 하던 때의 일이다. 팀장인 나는 현장 근무의 경륜이라고는 하나 내세울 게 없었다. 그럼에도 우리 팀원들의 진심 어린 의견 개진과 열성적인 직무 수행을 등에 업을 수 있었다. 그 결과 시도경찰청 내 100개가 넘는 지구대 순찰팀 중 분기 최우수 팀이 되어 경찰청장 표창을 받기도 했다.

2010년대 초반 충남 아산에 있는 경찰인재개발원에 근무할 때였다. 경찰인재개발원은 경찰청 직속 교육기관이다. 전국에 있는 현직 경찰관들의 직무 보수 교육을 전문적으로 하며 경위와 경사의 계급별 기본 교육도 담당했다. 나는 경감을 달고 2년간 교수요원으로 재직하며 수많은 기본 교육생들을 대상으로 강의를 하였다. 그때 나와 연령 차이가 많이 나지 않는 경사급 경찰관보다는 훨씬 연장자가 많은 경위급 경찰관들이 예의를 잘 갖춰주셨다. 첫인사, 수강 태도, 질의응답 등 모든 과정에서 나를 존중해주심을 느꼈다. 경사급이 존중과 예의가 없었다는 뜻이 아니라 상대적으로 경위급에서 그런 모습이 강했다는 뜻이다. 상호 존중이 바탕이 되어야 직무 성과를 거두고 건강한 조직이 된다는 원리를 장기간 체득하신 때문인 듯싶다. 그게 연륜이라 느껴졌다.

당신은 경찰에 어울리는 사람입니다

이젠 지휘관 의전도 실용이다

.

2000년대 후반 경감으로 진급한 나의 첫 보직은 경찰서 경무계장이었다. 경무계장은 경찰서의 인사, 기획, 교육, 행사, 의전, 서무 등의 업무를 관장한다. 하지만 경무계장에게 의전 업무에는 경찰서 단위 행사에서의 공식적인 의전 외에 경찰서장의 비서와 같은 역할이 포함되어 있었다. 경찰서장실에는 부속실이 있고 주무관이 근무한다. 그래도 경찰서장은 경찰 조직의 생리를 잘 아는 경찰관이 본인의 의전을 해주는 걸 선호하였다. 그래서 그것이 경무계장의 주요 임무로 자리매김되어왔다. 원칙상 경무계장은 경감으로 배치해야 했지만 서장들이 경감보다 승진 연한이 도래한 경위를 주로 이 자리에 발령하여 온 이유도 의전과 무관치 않았다.

하지만 시대가 변하며 불필요한 의전, 과도한 의전은 근절되어야 할 문화로 지목되어왔다. 당시에도 서서히 사라져가는 중이었다. 하지만 모든 문화는 변화를 시도하는 시점에 가장 혼란스러운 법이기도 하다. 상반기 인사에서 나를 경무계장으로 발령한 서장은 그로부터 1개월 뒤 시도경찰청 과장으로 발령나 이동했다. 그리고 새로운 서장이 부임하게 되었다. 나는 새로운 서장이 부임한 이후에도 기존 서장에게 했던 방식으로 의전을 지속했다. 아침에 서장이 출근하면 따라 들어가 오늘의 일정을 알려드렸다. 공식 행사에서는 동선을 따라 모시며 필요한 사항들을 챙겼다. 하지만 그분이 부임한지 3일 만에 예기치 않은 상황에 직면했다. 경무과장이 과장실로 나를 불렀다.

"황 계장, ○○계장 해보는 거 어때? 좋은 경험이 될 것 같은데."

"지금요? 왜요?"

"서장님이 그리하기를 원하시네."

"뭐가 문제입니까?"

"아무래도 의전이…"

경험 쌓기 좋은 ○○계장은 발령을 위한 명분에 불과했다. 경무계장으로서의 의전이 마음에 들지 않았다는 뜻이었다. 후임 경무계장으로 모 경위가 낙점되었다는 소문까지 들렸다. 하지만 부임한지 1개월에 불과한 계장을 중대한 과오 없이 발령내는 건 정당하지 않다고 생각했다. 게다가 정기 인사가 아닌 수시 인사였다. 그리고 ○○계장은 당시 경위가 맡던 보직이었다. 나는 솔직한 의사를 표시했다.

"제가 지금 떠나야 할 이유가 없습니다. 정 보내시겠다면 경감 보직을 주십시오."

정당하지 않은 인사발령을 받아들이고 남은 1년을 보낼 자신이 없었다. 내 의사를 표시한 이후 서장은 경무과장과 논의를 하더니 별다른 조치를 취하지 않았다. 다음날 경무과장은 내게 인사 발령은 없을 것이니 열심히 해보라고 전해주었다.

그리고 나서 약 3개월간 나는 의전이란 것이 어디까지 챙길 수 있는지 한도가 없음을 뼈저리게 깨달았다. 출근 시부터 시작되는 영접과 안내, 내외부 이동시 사전 대기, 외부 행사시 원활한 이동경로의 확보, 대기 없이 이동 가능한 사전 준비, 관서장으로서의 격을 유지하기 위한 행사 주악의 선택과 적합한 사회자 문구 준비 등 챙겨야 할 의전은 무궁무진했다. 서장은 3개월간 거의 매일 나의 의전상 문제점을 짚어주었고 나는 그걸 받아들이며 내가 교만했음을 알았다. 30세에 불과한 대한민국 남자의 불완전한 사회 경험과 지혜로는 채우지 못한 의전의 한계가 많았던 것이다. 성공한 의전은 내가 아니라 의전을 받는 자의 마음속에 들어가야만 가능했다.

3개월이 지나자 서장은 의전상 지적을 거의 하지 않았다. 나는 나름의 평화를 찾았지만 '내 의전이 만족스럽지는 않을 텐데.' 하는 생각은 여전했다. 결국 나는 하반기 인사철이 되자 서장에게 폐를 끼친다는 생각에 인사 의향을 표시했다.

"서장님. 이번 인사에 다른 보직으로 보내주십시오."

"황 계장. 자네도 나에게 적응했을 텐데 이제와 바꾸면 나도 피곤해. 그냥 하자."

결국 나는 다음해 상반기 인사까지 경무계장으로 꼬박 1년을 근무했다. 그리고 경찰청 인사 발령에 의해 이동하게 되었다. 그 1년은 내가 경찰로서뿐만 아니라 사회인으로서도 한 걸음 성장하는 데 큰 도움을 준 시간이었다. 다만 생각지도 못한 여러 종류의 의전을 해보니 합리적인 방향으로 변화할 필요가 분명하다는 사실도 깨달은 때였다.

내가 경무계장을 할 때만 해도 경찰 조직의 의전이 변화하던 시기였다. 그러나 지금 경찰 조직의 의전은 그때와도 판이하게 달라져 있다. 달라진 방향의 중심은 실용적 의전이었다. 특히 2010년대 중반부터 실용 의전을 강조하는 시도경찰청장들을 중심으로 의전 개혁이 가속화되었다.

출근하는 시도경찰청장의 관용차 문을 열어주던 경무계장이 보이지 않았다. 대신 시도경찰청장 본인이 직접 차문을 열고 내렸다. 퇴근 시에도 마찬가지로 본인이 직접 차문을 열고 탔다. 점심 식사 전 구내식당 한편에 별도로 밥과 음식을 준비해 올려놓던 모습도 사라졌다. 대신 시도

경찰청장은 다른 경찰관들과 같이 식판을 들고 줄을 서서 배식했으며 자리 또한 빈자리를 찾아 앉았다. 예전에는 청사 내 엘리베이터 중 하나를 비워두었다. 시도경찰청장의 출퇴근과 내부 행사 참석, 외부 이동시를 대비한 것이었다. 하지만 이 또한 모두가 사용할 수 있도록 바뀌었다. 이후 그 엘리베이터 안에서 청장과 일반 경찰관들이 만나는 경우가 자주 일어났다. 그때마다 어색하지만 간단한 인사로 안부를 나누며 상호간 거리감도 줄어드는 효과가 나타났다. 그러면서 의전의 실용화 바람은 관할 경찰서장들에게 자연스레 전파되었다. 이제는 관서장이 경찰로서의 공식적인 직무를 수행할 때 그를 원활하게 해주기 위한 의전들만을 행한다. 즉, 실용 의전이 자리잡아가고 있다. 바람직한 방향이다. 지금의 경찰 조직은 구태의연한 '꼰대'조직이 아니니 새로 경찰을 희망하는 젊은이들은 경찰을 과도한 의전 조직으로 오해하는 일이 없었으면 좋겠다.

갑질을 없애라

경찰이 되고 싶지만 위계질서가 확립된 경찰의 조직 체계 때문에 부정적인 조직 문화가 강하지 않을까 우려하는 학생들을 볼 수 있었다. 이는 경찰 입직동기와 직결된 중요한 요인이다. 그래서 나는 강의 시간에 일부러, 자주 이야기를 꺼냈다.

우선 위계질서는 부정적 개념이 아니다. 조직의 목표를 달성하고자 직책과 계급에 따라 임무와 권한을 주고 그에 마땅한 서열을 부여한 것이다. 경찰은 사람의 신체나 재산에 대한 공격에 위험을 무릅쓰고 대처해야 한다. 돌발적으로 발생하는 사건을 합리적으로 또 시급히 해결하여 피해로부터 구제해야 한다. 결국 기동성을 갖추어야 하는 조직이다. 이러한 특성을 감안하기에 위계질서가 강한 것이다. 문제는 위계질서가 아니다. 위계질서 확립을 가장해 부당한 지시를 내리고 상사의 권위 세우기를 도모하는 일부 그릇된 문화이다. 이런 현상을 나타내는 조어로 '갑(甲)질'이 있다. 우선 사회적으로 유리한 지위에 있는 자를 계약관계에서 상대적 우위에 있는 갑으로 표현한다. 그리고 그가 자신의 지위를 이용해 상대방을 자신의 지시에 따르게 하는 행태를 지칭하는 용어이다. 갑질의 이유가 조직의 이익이 아닌 사적 이익 추구에 있기에 비난의 소지가 크다.

경찰청장 중 한 분이 바로 이에 주목해 조직 문화의 개선을 꾀한 바 있다. 그는 취임한 지 한 달 만에 경찰서장급인 총경 10명을 갑질을 이유로 전보 조치했다. 문책성 좌천이었다. 그리고 다음해 초 정기 인사에서는 경정 이하 간부들까지 범위를 넓혔다. 갑질로 직원들 원성이 높은 관리자들을 직무 감찰하여 좌천시켰다.

그렇다면 어떤 행동들이 갑질인가? 집에서 쉬던 중 살인사건이 발생했다는 이야기를 들었다. 그래서 운전직원을 불러 관용차를 타고 간다면 아무도 갑질이라 하지 않는다. 그러면 근무시간 끝난 뒤 직원이 운전하는 관용차를 타고 골프장에 가면 어떠한가. 다른 사례를 생각해보자. 집회관리를 마치고 비포장도로를 달려오느라 순찰차가 오염되었다. 이 차의 세차를 지시한다고 갑질이라 하지 않는다. 그러면 출근길에 오염된

내 자가용의 세차를 지시하면 어떠한가. 이렇듯 갑질이냐 아니냐는 그 행위의 목적이 조직의 임무 수행인지, 내 이익인지에 따라 구분할 수 있다.

하지만 사적 심부름, 경찰 차량 사적 이용과 같은 사례보다도 부하 직원에 대한 폭언, 인격적 모독이 더 심각한 문제이다. 상당수의 갑질 파문은 이 때문에 일어났다. '계급이 인격을 반영한다.'는 상사의 그릇된 생각이 무의식중에 자리하기 때문이라 보여진다. 계급은 조직에서 직무를 원활히 수행하기 위해 책임과 권한에 따라 나눈 조직 내부의 서열일 뿐이다. 높은 계급에 있는 사람들에게 제공되는 각종 의전과 편의도 그의 원활한 직무 수행을 돕기 위함일 뿐이다. 그런데 계급이 높아진 것을 기화로 직무 외의 영역에서 부하에게 의전 받고 편의를 제공받기 원하니 직원들의 불만이 생겨난 것이다. 불만을 가진 직원에게 조곤조곤 설득하는 수고를 범하기는 싫고 당연한 관례로 포장하여 수긍하게 만들면 훨씬 편하다. 그래서 계급을 거론하며 강압적 언사로 소위 '가스라이팅'하려 했다. 그간 경찰관들은 이런 잔존 악습을 감히 문제 삼지 못했다. 경찰청장의 조치는 '건강한 조직을 위해 이제는 문제 삼아도 된다.'는 시그널이었다. 조직 관리차원에서 가장 강력한 수단인 '인사'를 통해 보낸 시그널이었다.

이후 경찰 조직에서 갑질은 거의 근절되어가고 있다. 정당한 위계질서가 남아 있을 뿐 위계질서를 가장한 부당한 갑질은 거의 근절되어가고 있다. 갑질 척결은 경찰뿐만 아니라 사회 전반에서 불어닥친 시대의 흐름이었다. 시대의 흐름에 동참한 경찰이 다시 시계추를 거꾸로 되돌려가지는 못할 것이다.

경찰 회의 별로 없네

모든 조직의 일하는 방식에는 조직만의 특성이 녹아 있다. 어떤 일을 추진하고 어떤 방식으로 추진할지 정하는 방식은 여러 가지이다. 그 중 가장 정례화되고 일반적인 방식이 회의라 할 수 있다. 회의 시간을 통해 조직 전체가 우선적으로 나아가고자 하는 방향을 알 수 있다. 이어지는 부서별 회의 시간을 통해 세부적인 추진 일정과 내용을 정할 수 있다. 필요한 절차인 만큼 자주 해도 일견 나쁘지 않아 보인다. 그러나 '회의가 많은 조직은 망한다.'라는 말이 있음을 떠올려보면 양면성이 있는 듯도 하다.

경찰은 회의가 많이 줄어들었다. 보통 경찰관서에서는 월요일 아침 관서장이 주재하는 참모 회의가 있고, 금요일에 회의를 주재하는 곳도 일부 있다. 하지만 내가 처음 제복을 입은 2000년대 초반만 해도 경찰서에서 서장이 주재하는 회의는 매일 2회였다. 평일 기준 아침에 한 번, 오후 퇴근시간 직전에 또 한 번씩 하루 두 번을 과장들과 함께 하였다. 그 중 월요일 아침에는 각 계장과 팀장까지 모두 모여 확대 간부 회의를 열었다. 물론 서장 주재 회의가 마치면 각 과장들이 소속 계장, 팀장들과 다시 회의를 열었다. 서장의 지시사항을 전달하며 중간 관리자로서 본인이 강조하는 업무를 체크하였다. 아직 끝나지 않았다. 계장과 팀장은 소속 실무자들을 모으고 전달 사항과 강조 사항을 이야기했다. 아침 내 회의만 하다가 점심 식사 시간이 되는 경우도 흔했다. 이러한 문화는 2010년대 들어서까지도 큰 변화가 없었다. 주말에도 회의가 있었다. 아침에 서장이 과장들과 함께 전일 벌어진 특이사항 등을 검토하는 자리였다. 경찰 내에서는 '티타임(tea-time)'이라 불렀는데 회의석상에서 차 한 잔씩 한다는 점에 착안한 용어였다. 하지만 전일 야간에 특이사항 발생하면 아침 회의할 때까지 경찰관들이 손 놓고 있는가? 당연히 필요한 조치는 다 취하고 사건은 대부분 종료된 상태였다. 보고 또한 담당 관리자들이 이미 다양한 통신 수단을 이용해 끝낸 뒤였다. 사실상 '티타임' 자리에서 논의는 별로 오가지 않았다. 그래서 과장들끼리 자조 섞인 말들을 많이 하곤 하였다.

"요새 집에 차(茶) 없어서 주말에 차 마시러 나오는 사람 있나?"

이런 회의 문화가 2010년대 중반에 이르러 바뀌기 시작했다. 지휘부 중 몇몇 분들이 회의의 효과에 의문을 품고 주말 티타임을 없애기 시작했다. 사실 2000년대 중반부터 10년 정도 이런 시도가 있었다. 경찰서장 몇 분이 티타임을 없애고자 하였는데 시도경찰청장이 감찰을 통해 이 사실을 인지하였다. 그리고는 티타임 재개를 명해 다시 부활하는 행태가 반복되고 있었다. 그런데 티타임을 없애고자 한 경찰서장 중 몇 분이 시간이 흘러 시도경찰청장에 올랐다. 이번에는 시도경찰청장 자리에서 폐지를 시도하자 문화로 자리잡히기 시작했다. 그 사이 대한민국 사회는 스마트폰이 일상적으로 보급되어 쉽고 빠른 보고가 가능해졌다. 주말 아침 티타임에서 굳이 사건을 챙길 필요성이 사라지기도 했다. 평일 아침 저녁으로 열리던 참모 회의도 우선 오후 회의부터 폐지되었다. 이후 아침 회의 일정도 주 5회에서 3회, 2회 이런 식으로 계속 줄어들어 지금에 이르게 되었다. 지구대나 교통안전팀 등 교대 부서는 매일 근무팀이 변하기 때문에 교대 전후로 회의를 한다. 하지만 경찰서에서 내려온 업무 지시를 전달하고 교대에 필요한 장비를 점검하는 필수적인 수준에서만 하고 있다. 바람직한 변화이다. 이리 회의가 줄어서 경찰이 할 일을 하지 않고 있는가? 전혀 그렇지 않다.

회의는 주재자에게 심리적인 안정감을 준다. 내 지휘 철학을 말할 수 있고 업무 방향을 정해줄 수 있다. 참모들이 다 들었기에 돌아가 제대로 전달해주리라 생각한다. 내 생각에 문제가 있다면 참모들이 반박할 수 있도록 발언 기회도 주었다. 추진만 잘하면 된다고 생각하기 쉽다.

하지만 오랜 시간 회의 참가자들이 회의장 안에 잡혀 있다. 경찰서장 주재 참모 회의를 보자. 회의 내용 중 자신의 부서와 관련 있는 내용이 언급될 확률은 20% 정도? 10개가 넘는 부서의 업무를 한 자리에서 다 살펴보고 있다. 그러니 내 부서에만 해당하는 건 평균 10% 정도로 볼 수 있다. 그리고 모두에게 해당되는 의무위반 예방, 조직 운용상의 지침도 있으니 그 정도 잡은 것이다. 나머지 이야기를 참모들이 모두 귀 기울여 들으리라 기대하기는 어렵다. 즉, 참모들은 80% 이상의 시간을 자리만 지키고 있다.

그리고 아침에 참모회의, 소(小) 참모회의, 부서별 회의 이런 식으로 이어지는 패턴이 자주 반복되면 오전은 사실상 휴식 상태. 회의 중 논의된 사항을 토대로 내 업무의 중점 방향이 정해질 테니 말이다. 아침 9시에 출근해도 모든 회의가 종료되는 11시 내지 12시까지는 일을 할 필요가 없는 셈이다.

또한 회의는 의견 개진의 장이 되기 어렵다. 보통 주재자는 참가자들에게 의견을 말할 기회를 준다. 하지만 이상하게도 말하는 사람은 거의 없다. 모든 참가자들이 이의(異意)가 없어 그렇다고 믿는 사람도 거의 없다. 2010년 전후로 기억한다. 내가 참모로 참석한 회의장에서의 일이다. 새로 부임한 지휘관이 참석자들에게 지휘관 의견에 대한 발언 기회를 주었다. 본인은 항상 열린 마음으로 의견을 들어왔다는 말도 덧붙였다. 그러자 한 계장이 지휘관의 생각과 다소 다른 방향의 제언을 하였다. 지휘관은 그 말이 끝나기 무섭게 계장의 생각은 잘못된 것이며 다시 검토할 필요가 있다고 잘라 말했다. 이후에도 회의 때마다 그 지휘관은 참석자들에게 의견을 개진할 기회를 주었다. 그러나 아무도 의견을 말하지 않았다. 그렇다면 지휘관이 정말 열린 마음으로 의견을 들어주는 사람이라면 괜찮을까? 회의는 기본적으로 그런 시도에 적합하지 않다. 지휘관은 내 의견을 들어주어도 다른 참석자들이 내 의견을 평가할 수밖에 없다. 부담스럽다.

지금은 퇴직한 분이지만 회의의 부정적 효과를 수시로 강조한 지휘관이 있었다. 2010년대 중반 시도경찰청장까지 하신 분이다. 주 1회의 회의 외에 정기적 회의는 없었다. 대신 업무처리가 궁금하면 직접 참모에게 전화해서 물었다. 참모가 하는 보고 시간을 활용해 수시로 지시 사항도 이야기했다. 회의 시간 자체가 적었기에 실무자들은 오전부터 자신의 패턴대로 일을 할 수 있었다. 회의는 없어도 수시로 지시와 이행내용이 체크되고 있었다. 그래서 업무 또한 평소와 다름없이 추진되었다. 회의를 위한 회의는 지양(止揚)되어야 한다.

보고 잘하는 거 어렵지 않아

조직편성의 원리 중 계층제의 원리가 있다. 우선 조직의 목적 수행을 위해 구성원 임무를 책임과 난이도에 따라 상하 관계로 배열한다. 그리고 위로 갈수록 권한과 책임이 중한 임무를 수행하도록 편성하는 원리이다.

이 원리의 핵심은 상명하복이다. 경찰 조직은 군대와 같이 상명하복이 엄격하고 보고 체계가 명확하다고 알려져 있다.[15] 365일 24시간 쉬지 않고 일해야 하는 조직이다. 항상 주변에는 안전에 대한 위협 요인들이 도사리고 있다. 보고 체계가 명확해야 함은 당연하다. 특히 현장 부서일수록 더 강조된다.

현장에서의 위협을 해소하려면 오랜 시간 검토할 여유가 없다. 순간적인 판단과 기민한 대응이 필수적이다. 그래서 상급자가 빠르게 판단하고 하급자와 같이 민첩하게 대응하도록 체질화되어왔다. 보고 또한 마찬가지이다.

"흉기를 들고 가족을 인질로 잡은 사람이 있습니다."

이러한 보고는 알게 된 즉시 상급자에게 이루어져야 한다. 조금만 늦으면 상황이 불행하게 종결될지도 모른다. 그래서 보고 또한 신속해야 하고 상급자가 제대로 판단할 시간도 주어야 한다.

"○○빌딩에 수십 명의 남성들이 대치하고 있습니다. 유치권 분쟁 중으로 곧 치고 들어갈 분위기입니다."

이런 사안은 보통 상황실을 통해 관서장에게도 보고된다. 관서장은 정보부서 경찰관, 수사 부서 경찰관을 출동시키는 등 필요한 지시를 한다. 또는 직접 현장에 나가 상황을 지휘하기도 한다. 진행되는 상황은 상황실에서 상급관청의 상황실로, 업무 관련 부서는 상급관청의 업무 관련 부서로 보고한다. 중첩적 보고가 이루어지는 셈이다.

우선 상하간 명령 복종 관계가 엄격하다는 점에 대해서 이야기하고자 한다. 맞는 말이기는 하나 일부 국민들이 오해하시는 부분이 있다. 이는 수행하는 직무가 같은 라인에서의 상하급자간 관계가 엄격하다는 뜻이다. 전국적인 조직의 계급체계상 관계를 의미하지는 않는다. 즉 서울 ○

○ 경찰서 수사과장(경정)과 같은 경찰서 수사과 지능수사팀장(경감) 사이에는 이 관계가 작동한다. 하지만 서울 ○○ 경찰서 수사과장(경정)과 강원 △△ 경찰서 계장(경감)과의 사이에서는 사실상 작동하지 않는다. 업무적으로 자료 공유가 필요하더라도 협조를 구하지 지시하지 않는다. 예전의 경찰을 생각하시고 사건 진행을 부탁하는 일부 어르신들이 있다.

"네가 총경이니 다른 경찰서 경위에게 사건 잘 진행되게 지시할 수 있잖아."

안타깝게도(?) 지금의 현실은 그렇지 않다. 심지어 같은 경찰서 서장의 수사 지시에 실무자가 부당하다며 반발한 사례가 있다. 이 사례는 서장에 대한 징계처분까지 이어졌다. 세상은 바뀌고 있다.

보고 방식에 대해 이야기하고자 한다. 정보 통신 기술의 발달은 보고 방식에 일대 변화를 가져왔다. 특히 현장에서의 급박한 보고는 문서로 이루어지지 않는다. 기본적인 통화를 비롯해 문자메시지, 그리고 카카오톡 등 메신저를 이용한 보고가 일상화되었다. 앞서 언급했던 급박한 상황에서 그것을 문서로 정리하고 상부에 보고한다? 시간이 걸릴 수밖에 없기에 빠른 수단을 활용하는 것이다. 특히 요즘은 상대방이 스마트폰으로 보고내용을 읽었는지도 확인할 수 있기 때문에 더욱 활용도가 높다. 보고를 하는 사람 입장에서는 상대방이 보고내용을 인지했는지 여부가 매우 중요하기 때문이다. 상하급관청간 상황실, 또는 해당업무부서도 문서 보고 이전에 통신 수단 보고를 일반적으로 한다. 상급관청에 보낼 문서 보고는 모두가 그 내용을 인지한 이후 공식적인 근거를 남기기 위한 목적으로 이루어진다.

인천경찰청 계장으로 근무할 때였다. 나의 상급자였던 한 지휘관은 명확한 보고 철학을 가지고 있었다.

첫째, 결론부터 보고해라.

보고를 받는 사람은 무슨 사건이 벌어졌는지, 어떻게 조치되었는지, 또는 피해가 어느 정도인지부터 궁금해한다. 그러니 그것부터 말해주어야 한다. 그분이 든 예시 1이다.

"○○서 관할에서 금은방 강도가 발생했습니다. 피의자는 10대로 보이는 일행 3명입니다. CCTV 통해 영상 확보했고 지금 관할서 강력팀이 추적중입니다."

다음은 본인이 답답하다고 이야기한 예시 2이다.

"밤늦게 전화드려 죄송합니다. 오늘 22시 30분경 ○○구 ○○동 ○○번지에 젊은 학생 한 명이 ○○금은방에 들어와 주인에게 금반지를 보여 달라고 했답니다. 주인분이 실물을 보여주자 다른 것도 보여 달라고 하더랍니다. 그래서 주인분이 옆 진열대로 움직였는데…"

단순히 시간상의 흐름에 따라 이야기를 하고 있다. 보고자 입장에서

허위 보고는 아니다. 하지만 보고를 받는 사람 입장에서는 무슨 내용을 이야기하려 전화했는지 계속 궁금한 상태이다. 아무리 상급자라 해도 성인간의 인간관계에서 바로 지적을 하지는 않는다. 그래서 보고자가 중요한 내용을 말할 때까지 당분간은 기다린다. 그런데도 핵심 내용이 나오지 않으면 답답함에 먼저 결론을 채근하게 된다. 이에 상대방은 괜히 기분이 상할 수 있다. 서로가 인간적으로 불편해질 수 있음은 둘째 치고 우선 사안의 진상 파악과 대응 방안 지시 자체가 늦어지게 된다.

둘째, 보고해야 하나 말아야 하나 확신이 서지 않으면 보고해라.

보고를 해야 할지 명확한 사건은 중대한 사건이다. 할 필요가 없다고 판단했다면 그렇지 않은 사건이다. 하지만 애매하다는 것은 중대하게 판단될 여지가 있다고 보아야 한다. 보고자 입장에서도 소위 찜찜하다면 속 시원히 보고를 해야 한다. 그래서 보고를 받은 사람이 판단할 수 있게 해야 한다. 나중에 보고 여부가 문제가 될 때에도 보고를 안 했다면 안 한 사람의 전적인 책임이 될 수 있다. 하지만 보고를 했다면 이후는 보고를 받은 상급자의 판단 책임이 된다는 말도 덧붙였다.

인천경찰청 상황팀장으로 근무할 때의 일이다. 상황팀장은 관내에서 벌어지는 치안 상황들을 관리하고 특이한 사안은 상급관청에 보고해야 한다. 때는 총선 선거 운동 기간이었다. 후보 중 한 명이 돌아다니며 시민들과 악수를 하던 중이었는데 다른 후보를 지지하는 한 시민이 다가와 비난을 하면서 후보 측 수행원들과 시비가 되었다. 하지만 이 내용이 신고된 지 5분 정도 지나 그 시민은 돌아갔고 상황 종료되었다는 보고가 해당 경찰서에서 올라왔다. 해프닝이라 판단한 나는 경찰청 상황실에 보고를 하지 않았다. 그런데 현장에 기자가 한 명 있었던 모양이다. 당시의 상황이 언론보도 되면서 경찰청 상황팀장이 보고 누락 자체를 질타하였다. 그의 계급은 나와 같지만 상급관청에 있으니 직무상 따라야 하는 관계이다. 집에 퇴근한 직후 경찰청의 질타를 전해 들었다. 그날 나는 사유서를 작성해 경찰청으로 보내야 했다.

셋째, 보고받은 사람이 인지하지 못하면 인지시켜라.

상급자가 퇴근한 이후 주로 야간에 발생한 사건 보고는 아주 긴급하지 않는 한 카카오톡을 비롯한 메신저를 활용한다. 다행히도 보고자는 보고를 받은 상급자가 읽었는지 여부를 확인할 수 있다. 그런데 10분 넘도록 숫자 '1'은 사라지지 않고 상급자의 판단은 필요할 수 있다. 이런 때 그 지휘관은 직접 전화를 해서 인지시키라고 주문하였다. 상당수의 직원들이 야간에 상급자를 깨울까 두려워 보고를 못 하거나 문자보고를 해놓고는 인지여부 확인을 하지 않는다. 그건 상급자를 위하는 행동이 아니라 상급자를 잡는 행동이라는 말도 덧붙였다.

현장성이 상대적으로 덜한 내근 부서의 보고 체계는 근본적으로 차이가 있다. 일반행정 조직과 유사한 측면이 크다. 실무자의 계획, 즉 기안을 거쳐 중간 관리자가 검토하고 최종 결재권자가 결재를 하면 그 계획이 시행되는 기본적인 형태를 취한다. 결재 사안이 가벼운 경우 처리권한을 일임하는 위임 전결 또한 활발하게 이뤄지고 있다.

코로나 19를 겪기 전부터 경찰 조직에도 비대면 결재의 바람이 불어왔다. 그런데 바이러스가 그 경향을 더욱 확대시켰다. 정말 중요한 사항은 직접 찾아와 배경을 설명하고 지침을 받는 대면 결재를 한다. 하지만 그 외에는 보고서를 부속실에 넣어주고 지침 또는 결재를 받는 비대면 결재를 하도록 하였다. 상당수의 경찰관들이 이러한 비대면 결재를 선호한다. 경찰도 상급자의 얼굴은 되도록 보고 싶지 않다. 다만 보고를 받기도 하고 하기도 하는 중간 관리자의 입장에서는 양자의 장단점이 모두 존재했다. 비대면 결재는 당연히 상급자를 직접 만나는 부담이 없다. 다만 서류를 넣어드리고 난 뒤에는 언제 보셨는지 무슨 반응을 보이시는지 알 길이 없었다. 상급자가 보고 난 뒤 궁금한 점이 있으면 전화가 오기도 한다. 그 시간까지는 왠지 자유롭지 않았다. 상급자가 직접 서류에 써서 지시 사항을 전달하기도 하였다. 그러나 글로 받는 지시 사항과 대면 현장에서 직접 상급자의 말로 듣는 지시 사항은 뉘앙스 차이가 있다. 이를 제대로 인지하지 못하면 나로부터 상급자의 뜻을 전달받고 일하는 실무자도 헛수고를 할 수 있었다. 가려운 다리 놔두고 다른 다리 긁는 일 처리를 할 수 있었다. 결국 나는 추진한 일을 알리는 보고와 상급자의 판단 또는 지시를 받아야 하는 보고를 구분했다. 그리고 후자(後者)라 생각되는 사안은 모두 대면 결재를 들어갔다. 보고자 입장에서는 두 방식을 적절히 활용할 필요가 있다고 생각한다.

나는 1/N이 아닌 1이다

이번에는 대학에서 겪은 일을 경찰의 조직 문화와 관련지어 이야기하고자 한다. 2021년 9월 1일 학교는 개강했고, 8월 말일자로 경찰을 퇴직한 나는 바로 강의를 해야 했다. 다행인지 불행인지 '코로나 19'로 인해 첫 2주는 전면 비대면 수업을 해야 했다. 오래 가지는 않았다. 명절이 지나면서 바로 '하이브리드' 수업을 진행하도록 방침이 바뀐 것이다. 학생의 1/2은 강의실에 나오고 1/2은 온라인으로 접속해 현장의 화상 강의를 듣는 시스템이었다.

떨리는 마음으로 강의실 문을 열었다. 그리고 들어가며 인사했다.

"안녕하세요?"

조용했다. 아무런 응답이 오지 않았다. 순간 내가 강의실을 잘못 들어온 것인가 살펴봤지만 문 앞에 달린 호수는 정확했다. 하긴 여러 명이 앉아 있는데 인사하면 굳이 내가 인사를 받아줘야 할 필요가 없기는 하다. 그래도 경찰 생활을 할 때 생각해보면 일부는 그런 인사를 받아주었다.

왜일까?

본래의 성격 차이일 수도 있다. 하지만 더 근본적인 이유는 직장 생활에서 쉽게 친해질 수 있는 방식이 인사였다는 점에 있다. 쉽게 친해져야 하는 대상이 상사라면 더욱 그러했다. 직장의 문화가 나도 모르게 몸에 배어 있었다.

하지만 학교는 달랐다. 학생들은 내게 그럴 필요가 없었다.

속으로 아픈 마음을 달래며 강의를 시작했다.

나는 일방적인 강의를 하고 싶지 않아 중간 중간 질문을 던졌다. 역시나 대답이 없다. 대답이 없는 상황에서 흘러가는 수 초 간의 적막. 참기 어려웠다.

내가 배운 강의기법상 이 적막은 참아내야 했다. 대답이 나오도록 다시 질문 방향을 수정하거나 질문 범위를 좁히거나 해야 했다. 하지만 초보 교수인 나는 결국 그 적막을 참지 못했다. 스스로 묻고 스스로 대답했다.

그 강의를 마치고 다음날 다른 교과목 강의가 있었다. 연구실에 앉아

무엇이 문제인지를 고민했다. 와이프와 세 아이들은 10월 말 부산으로 오도록 집을 구한 상태였다. 2개월용 임시 숙소로 얻은 원룸에는 굳이 일찍 들어가고 싶지 않았다. 밤늦게까지 앉아 머리를 굴렸다. 순간 떠오른 단어가 있었다.

'1/N'

인천을 거쳐간 어느 경찰청장 중 한 분이 했던 말이다. 나는 강의를 듣는 학생들을 경찰행정학과의 학생들 'N'으로만 보았지 '1'로 보지 않았던 것이다. 직장인들은 상사가 나를 1/N로 보는 것에 익숙하다. 그리고 그 안에서 내가 1로 보이고자 노력한다. 하지만 학생들은 그런 수고까지 할 필요가 없었다.

다음날 나는 강의실을 들어가며 하는 의례적 인사를 생략했다. 대신 정식으로 자세를 잡고 간단한 통성명을 한 뒤 출석부를 들고 학생 한 명 한 명 이름을 불렀다. 그리고 얼굴을 보았다. 1~2초의 눈맞춤.

수업 도중에 질문도 던졌다. 대신 학생과 눈을 맞추고 이름을 불렀다. 출석을 부르며 뇌리에 각인된 몇 명의 학생들이었다. 학생들은 본인 대답이 틀릴까 봐 주저하는 경향을 보였지만 전날보다 훨씬 대답을 잘해주었다.

지금은 자기의 존재 가치에 대해 고민하고 그 가치를 높이려 노력하는 시대이다. 그 흐름은 경찰도 예외가 아니다. 경찰관들도 조직 발전을 위해 개성이 없는 일원으로서 남기를 원하지 않는다. 조직 발전을 위해 자신만의 특성을 활용하는 일원으로 남기를 원하는 경향이 뚜렷해지고 있다. 경찰청에서도 시대 흐름에 맞춰 전체로서의 통일성보다는 개인의 능력을 발전적으로 모으는 융합성을 추구하고 있다. 대부분의 경찰관들은 단순히 경찰이 아니라 국가와 국민을 위해 쓰임 받는 경찰로 남기를 원하는 자들이다. 사명감을 갖춘 자들이다. 경찰 지휘부에서 구성원 개인을 1/N이 아닌 '1'로 대하는 자세를 갖춰주기를 바란다. 그 방향성이 느껴지면 구성원들은 신명나게 국민의 안전을 지켜나갈 것이다.

IV

경찰을
생각하다

공권력 확립과 인권 보호는 균형 있게

경찰이 피해가 우려되는 국민의 안전을 지키기 위해서 취하는 조치들은 두말할 나위 없이 필요하다. 흉기를 든 가해자에게 총기나 테이저건을 쏘고, 가해자의 개인정보를 파악하고, 가해자를 체포해 신체의 자유를 빼앗는 조치들 말이다. 하지만 그 과정에서 인권을 침해하는 결과가 발생하면 조치의 정당성 자체가 부정된다. 가해자의 위법 행위가 위법하지 않다고 판결되는 등 예상치 못한 결론을 마주하기도 한다. 하나는 공권력의 확립을 중시하는 입장이고 하나는 인권 보호를 중시하는 입장을 대변한다. 현대 사회에서 무엇이 더 중요한가에 대한 논의는 꾸준히 있어왔고 지금도 그렇다.

극단적으로 하나의 가치만을 중시하는 입장들도 있다. 그러나 결국은 양자의 조화와 균형을 잡을 수밖에 없다. 지나치게 공권력의 확립만을 강조하면 경찰이 행하는 모든 사회 안정 조치, 위험 해소 조치가 별다른 검토 없이 용인된다. 공권력의 남용으로 이어질 경우 '국가폭력'이 정당화되는 결과를 초래할 수 있다. 반대로 지나치게 인권 보호만을 강조할 경우 경찰이 행하는 모든 조치들은 가해자의 인권을 침해한다는 논리에 막힌다. 가해자에게 위협받는 피해자를 구해야 할 절체절명의 순간에도 맨손으로만 가해자 제압을 시도하게 된다. 자칫 잘못하면 피해를 키워 국민의 안정적인 삶 자체를 사실상 방치하게 될 수도 있다. 결국 양자 모두 포기할 수 없는 가치가 된다. 두 가치가 모두 우리 사회에 건강하게 버티고 있어야 가해자, 피해자, 일반 국민 다 같이 대한민국 국민으로서의 보장된 자유와 삶의 안정을 누릴 수 있다.

그래서 경찰은 양자의 균형을 잡으려 한다. 위급한 돌발 상황에서 테이저건을 사격하는 훈련을 실시하고 있다. VR을 활용한 훈련을 확대해 현장 훈련의 시간적·공간적 한계를 보완하려는 중이다. 한편으로는 피의자를 체포하는 과정에서 인권과 관련한 법적 요건을 숙지하도록 자료를 배포하고 있다. 핸드폰 앱으로 탐색할 시스템을 만들어 실제 현장에서 찾아보기 쉽게 하려고 지속적으로 개선 중이다. 모두 양자의 균형을 찾으려는 노력의 일환이다. 얼마 전 명백히 가정폭력을 행한 남편을 체포하는 과정에서 체포를 당하지 않으려 저항하는 남편을 공무집행방해 혐의로 체포한 사례가 있다. 그러나 그가 도주하거나 증거를 인멸할 염려가 없다는 이유로 남편에게 무죄가 선고된 판례가 있다. 이러한 판례의 경향은 지속적으로 교육받고, 실제 상황에서 찾아볼 수 있어야 한다. 그래야 법이 허용하는 한도 안에서 공권력을 행사할 수 있게 된다.

　최근 들어 경찰이 기초부터 인권 보호를 생활화하고자 중요한 변화를 시도했다. 바로 경찰 순경공채 시험 필수 과목의 변경이다. 2022년부터 기존에 없던 헌법 과목이 편성되었다. 헌법은 국민의 기본권을 명시하고 그것을 보장하려는 목적이 뚜렷하게 나타난 최상위 기본법이다. 경찰이 되고자 하는 수험생 단계부터 국민의 기본권을 공부하게 하여 인권 보장 마인드를 심겠다는 경찰청의 의도인 셈이다. 바람직한 조치라고 생각한다. 현직 경찰관 승진시험 중 경정 계급에도 헌법이 편성되어 있다. 순경 입직시부터 경정 응시 때까지의 사이에 국민의 기본권에 대한 심층적 환기를 할 필요가 있다. 경위 계급 정도에 헌법 과목의 편성을 고려해 볼 만하다.

흉기 난동자를 제압하지 못한다면 그 원인을 제거해야 한다

대다수의 경찰은 칼을 들고 다른 사람을 찌르겠다는 사람과 맞서면 그를 제압하기 위해 최선을 다한다. 내 안전에 문제가 생길 수 있다는 점을 본능적으로 느끼면서도 그 본능을 거스르는 행동을 취하는 것이다. 이는 진정한 경찰이 되고자 신임 교육 때부터 형성한 사명감이 뒷받침되어 있기에 가능하다. 그럼에도 불구하고 국민들의 기대에 어긋난 경찰의 부적절한 조치들은 있어왔다. 그때마다 경찰의 대국민 신뢰는 떨어졌다.

2021년 11월 층간소음 흉기 난동 현장에서 출동경찰이 구호조치를 취하지 못하고 이탈한 것이 하나의 사례이다. 당시 국민적 비판이 거세지

자 경찰청은 재발방지를 위해 법을 개정하고자 했다. 현장 경찰이 과감하게 직무를 집행할 수 있는 법적 여건을 마련하고자 했다. 국회와 협조해 의원 입법의 형태로 경찰관직무집행법 개정안을 발의했다. 직무 집행 과정에서 경찰이 총기를 격발하는 등 물리력을 사용해 범인이 상해를 입었더라도 불가피한 물리력 사용이었음이 인정되고 경찰관에게 고의나 중과실이 없었다면 형사 책임을 감면하는 조항을 제정하였다. 물론 해당 조항의 무분별한 적용을 막기 위해 적용되는 범죄 상황을 강력 범죄, 가정 폭력, 아동 학대 등으로 한정하였다. 생명 및 신체에 대한 위해 우려가 명백하고 긴급할 때로 제한하는 단서도 삽입되었다.

이 사건을 접할 당시는 내가 교수로 직을 바꾼 지 몇 개월 되지 않은 때였다. 경찰이 위험한 순간에 총기나 테이저건 등 물리력을 과감히 사용하지 못해 불행한 결과가 발생하면 분명 미흡한 직무 집행이 된다. 다만 왜 현장 경찰관들이 과감히 물리력을 사용하지 못하는지에 관한 원인은 경찰관 재직 당시 느낀 바가 있었다.

마침 사회적 이슈가 생겼으니 이번 기회에 제대로 현장 경찰들의 의견을 수집해 분석해야겠다고 마음먹고 연구를 시작했다. 의견은 한 경찰서 과장님의 도움을 얻어 사건이 발생하지 않은 다른 경찰서 현장 경찰관들에게 구했다. 이들에게 수집한 견해들을 토대로 분석한 결과 몇몇 문제점이 있음을 발견할 수 있었다.

우선 현장 경찰관들은 심리적으로 위축되어 있었다. 총기나 테이저건 등 경찰 장비를 사용하면 그 대상자로부터 민원이 제기되고 언론에서는 과도한 물리력 사용으로 비난 보도되는 경우가 많았다. 그 이후 경찰청에서는 해당 부서의 형식적 파악만 거치고 바로 감찰 조사부터 돌입한다. 징계를 상정하고 조사에 들어가는 경향이 있어 조사 결과가 나오기 전부터 의무위반자라는 낙인이 찍힌다고 경찰관들은 이야기하였다. 게다가 차라리 물리력을 사용하지 않는 편이 낫다는 생각이 퍼져 있음도 확인할 수 있었다. 물리력을 사용하게 되면 대상자의 신체 피해에 따라 형사 처벌을 받거나 민사상 손해 배상 소송에 휘말릴 수 있기 때문이었다.

그리고 현장 경찰관들의 물리력 사용을 바라보는 경찰 조직의 문화도 부정적 측면이 강했다. 총기 등을 사용한 동료가 소송 등에 휘말려 장기간 고통 받는 것을 보고 학습효과가 발생하였다. 이 때문에 선임경찰관들은 웬만하면 사격하지 말라고 후임들에게 알려주고 있었다. 총기를 사용하여 대상자에게 피해가 발생한 경우 지휘부가 현장의 특수한 사정을 이해하지 않는다고도 생각하고 있었다. 즉, 언론과 여론의 부정적 동향에 민감하게 반응한다는 불만이 팽배했다. 그 때문에 총기 사용 경찰관은 보호받지 못하고 본인이 모든 책임을 떠안아야 한다는 두려움을 갖고 있었다.

선량한 시민이 칼을 든 피의자에게 위협받고 있다면 과감하게 피의자에게 총기나 테이저건 등을 발사하여 피해자를 구하는 것이 옳다. 그러기 위해 테이저건 등의 사용 훈련이 늘어나고 있다. 하지만 훈련과 함께 경찰관들의 심리적 위축과 부정적 조직문화를 해소해나가야 한다.

경찰관의 물리력 사용이 문제화되면 바로 감찰 조사로 돌입하지 말고, 해당 부서에서 먼저 1차 조사함이 바람직하다. 지구대 경찰관이면 범죄예방대응과, 형사면 형사과에서 1차 조사를 할 수 있다. 전반적인 복무 사항은 경무과에서 조사한 뒤 과오가 인정될 때 감찰에 통보해야 한다. 그래서 물리력 사용하면 바로 감찰 조사 받고 징계 받는다는 등식을 깨야 과감히 피의자를 향해 총기 등을 쏠 수 있다.

흉기를 소지한 자와 대치한 경찰관이 총기 등을 쏘았을 때 그 직무 집행이 적절했는지가 우선 판단된다. 판단의 핵심기준은 상황이 법에 정해진 총기 사용 요건에 부합했는지이다. 문제는 그 요건들이 복잡하고 모호하다는 것이다. 사건이 벌어진 뒤 모든 결과를 아는 입장에서 적절히 판단했는지를 복기할 수는 있다. 하지만 그보다는 찰나의 순간 위협을 당하는 국민을 지키겠다는 일념으로 격발한 경찰관의 과감한 물리력 사용을 이해해야 한다. 불가피하게 쏠 수밖에 없는 상황에서 고의나 중과실이 없었다면 책임을 감면해주는 면책 조항을 적극적으로 적용해야 국민의 안전이 제대로 지켜질 것이다.

마지막으로 현장 상황이 위험한지에 대해 정확히 판단할 훈련이 필요하다. 물리력을 과감하게 사용하라는 말이 무조건 쏘라는 말과는 당연히 다르다. 지금까지의 경찰 사격 훈련은 대부분 표적지 중심에 얼마나 정확하게 맞추는가에만 관심을 두었다. 조건과 환경이 모두 다른 수많은 경찰 현장에서 무조건 사격만 하지는 않는다. 사격을 해서 제압을 해야 할 상황인지, 위해가 적은 신체적 물리력을 사용해야 할 상황인지, 조금 더 언어적 설득을 해야 할 상황인지를 먼저 판단해야 한다. 그래서 사격/비사격 훈련을 활성화해야 한다.

미국, 호주 등지에서는 이미 이 훈련(shoot/don't shoot exercise)을 시행하고 있다. 한 사람은 우측 손에 핸드폰을 들고 있고 한 사람은 우측 손에 핸드건(handgun)을 들었다. 물론 글로 보면 누구에게 쏴야 할 것인지 확실히 답을 알 수 있다. 그러나 현장에서 사람의 손에 무엇이 들려 있는지 정확히 파악하기는 쉽지 않다. 그냥 쏘면 핸드폰을 든 무고한 시민을 살상하는 최악의 결과가 도출될 수 있다. 이것이 미국에서 실시하는 사격/비사격 훈련의 한 예시이다. 정확한 사격에 앞서 사격/비사격 의사 결정이 먼저다.

이상의 제언 대부분은 한국연구재단 등재학술지에 게재한 나의 논문에 실려 있다.[10] 이 논문은 중앙일간지를 비롯한 다수의 언론에서 관심을 갖고 취재해 보도된 바 있다. 이후 몇몇 경찰관들로부터 '좋은 제언을 하였다.', '말하고 싶은 현실을 잘 짚어주었다.'는 격려를 받기도 하였다.
경찰을 떠나서도 경찰의 발전을 위해 미력이나마 도움이 되고 있다는 사
실에 뿌듯했다.

법을 엄정하게 집행할 수 있도록 신뢰를 보내주어야 한다

경찰관은 법을 집행하는 자이다. 엄정하게 법을 집행해 우리 사회의 질서가 무너지지 않도록 막아야 할 의무가 있다. 그런데 당연한 이 말을 지키기가 의외로 어렵다. 모순된 요구가 내려오기 때문이다.

법은 국회에서 만든다. 법 위반 여부에 대한 최종 판단과 심판은 법원에서 한다. 법을 창설하고 심판할 권한은 경찰에게 없다. 그런데 '사회적 맥락'이라는 이름으로 법을 판단해서 집행하라는 요구가 현실적으로 존재한다.

대학으로 직을 옮긴 후 인근 경찰청 상황팀장의 도움을 받아 연구를 진행했다. 112 치안종합상황실에서 신고 접수를 하는 경찰관들을 대상으로 직무 경험을 탐색하였다. 그들의 직무 경험은 실무자의 고뇌를 생생하게 담고 있었다. 112 상황실에는 본인이 아닌 제3자의 위치를 조회해 달라는 신고가 다수 들어온다. 부모가 집 나간 아이들을 찾는 신고, 치매 어르신을 찾는 신고, 자살할 우려가 있는 가족이나 지인을 찾는 신고, 전화를 받았는데 딸을 붙잡고 돈을 요구하니 신변 안전을 확인해 달라는 신고 등이다. 이런 신고는 위치정보법에 따라 대상자의 핸드폰 위치를 조회한다. 그리고 관할 경찰관들에게 위치를 알려주고 수색하도록 한다. 그런데 문제는 이 범위 밖에 있는 신고들이다. '이혼 소송 중에 있는 배우자의 위치를 찾는다.', '빌려간 돈을 갚지 않은 채무자의 위치를 찾는다.', '술 마시고 온다는 남편이 아직 들어오지 않아 찾는다.' 등은 법상 조회를 못하는 사안들이다.

112 경찰의 위치 조회는 급박한 생명·신체의 위험으로부터 구조가 필요할 때에만 할 수 있도록 규정하였기 때문이다. 경찰의 조회 남용을 제한하려는 입법자의 의도가 담겨 있다. 경찰은 우선 법상 조회가 불가하다고 말씀드린다. 그래도 계속 조회를 해달라고 요구하는 분들은 '가족이나 지인이 어디서 죽기라도 하면 책임질 거냐?'며 항의하신다고 하였다. 그분들의 심정을 이해할 수 있으나 법을 마음대로 적용할 수도 없는 노릇이다. 긴급신고번호의 취지를 설명하고 끊으면 여러 차례 다시 전화하

신다. 그런 경우 112 신고시스템의 특성상 다른 경찰관들에게 무작위 배당된다. 전화 받은 경찰관들 또한 같은 설명을 드리고 끊는 일이 반복된다.

다음날이면 여러 민원 창구 중 하나로 민원이 접수된다. 이 때 조직 상층부에서 민원의 확산을 우려해 잘못을 인정하는 답신을 작성토록 지시하는 경우가 있다. 해당 접수 경찰관의 사과를 지시하는 경우도 있다. 이 때 '사회적 맥락'이 등장한다. '사회적으로 안전에 대한 요구가 높으니 분위기까지 감안해서 조회해주었어야 하지 않느냐.'는 논리이다. 사회적 맥락은 법에서 정해지지 않은 요건을 적용할 때 경찰이 합리적으로 주변 정황을 판단할 수 있는 기준을 제공한다. 법에 정해진 요건까지 뒤집지는 못한다. 현장의 실무 경찰관들에게 법정 요건까지 어겨가면서 사회적 맥락을 판단하라는 지시는 '인지부조화(Cognitive dissonance)'에 다름 아니다. 현장 경찰관이 조회해줄 수 없음을 알면서도 눈앞에 보이는 당장의 민원을 해소하려 하다 보니 생긴 심리적 현상이다. 1957년 페스팅거(Festinger)가 제시한 '인지부조화'는 신념과 실제가 불일치할 때 생기는 심리적 불편감을 해소하고자 신념을 조정하는 현상을 말하는 사회 심리학 용어이다.

112 상황실의 예를 들었지만 지구대 · 파출소, 형사, 수사, 교통조사 등

당신은 경찰에 어울리는 사람입니다

현장의 민원부서 경찰관 모두에 해당할 수 있는 일이다. 사회적 맥락이 유의미하게 바뀌었으면 그를 반영해 법을 개정하는 것은 국회의 몫이다. 경찰관들의 몫은 법을 엄정하게 집행하는 것이다. 그 과정에서 발생하는 민원에 대해서는 법 집행의 관점에서 바라보고 과오가 없다면 신뢰를 보내주어야 한다. 그래야 법이 근본적으로 의도한대로 경찰의 권한 남용을 막을 수 있다.

더 많은 경찰을 현장으로

우리의 안전을 지켜줄 경찰이 있어야 할 곳은 당연히 우리 국민들 곁이다. 즉, 경찰들이 현장이라 부르는 곳이다. 과연 경찰은 현장에 있다고 할 수 있을까? 각 부서별 경찰 인원을 살펴보면 그 해답을 얻을 수 있다. 2023년 경찰청이 발표한 2022 경찰통계연보에 따르면 가장 많은 정원을 가진 부서는 지역경찰관서, 즉 지구대와 파출소이다. 국민들이 일상생활 속에서 가장 많이 보고 가장 쉽게 접할 수 있는 경찰관들이다. 전체 경찰관 정원은 131,004명인데 이 중 지역경찰관서 정원은 38.7%로 약 5만여 명이다. 부서별 정원이 많은 또 하나의 부서는 수사 부서로 전체 정원의 23.9%를 차지한다. 국민들에게 강력한 경찰의 이미지를 형성해준 대표적 부서이기도 하다. 강력 사건, 폭력 사건 등을 수사한다. 또 범인을 검거, 송치하여 엄정한 법의 심판을 받을 수 있도록 하는 현장 부서이다. 지능 수사, 경제 수사, 사이버 수사, 과학 수사 등 전통적인 수사 부서도 있다. 그리고 안보 수사, 여성청소년 수사, 교통 범죄 수사 등 다양한 영역에서 범죄를 밝혀 사회정의를 세우는 데 일조하고 있다. 부서별 정원이 많은 또 하나의 부서는 경비 부서이다. 전체 정원의 13.6%를 차지하고 있다. 이 중 상당수는 경찰관 기동대원이다. 집회시위 현장을 관리한다. 재난현장에 투입되어 예방, 대비, 대응, 복구 활동에도 주력한다. 의경 기동대는 의경 폐지 계획에 따라 지속적으로 없어졌다. 이를 직업 경찰관들로 대체하면서 경비 부서 인원은 크게 늘어났다.

경찰은 국민 속에서 발생한 수많은 갈등과 분쟁을 현장에서 1차적으로 처리한다. 그래서 그들의 안전을 지켜주고 사회 안정을 유지하고자 존재한다. 현장 부서의 비중이 높음은 당연한 일이다. 하지만 실제 경찰 인력의 운용실태를 보면 경찰의 존재이유에 부합하지 않는 면이 곳곳에 숨어 있다.

가장 많은 문제를 안고 있는 곳은 단연 지역경찰관서, 즉 지구대와 파출소이다. 이들의 비중은 38.7%로 커 보이지만 사실 흐름을 보면 계속 줄어들고 있다. 2010년엔 전체 정원의 42.1%, 2015년엔 전체 정원의 41.2%였다. 2010년 대비 절대 인원수는 7천 7백여 명(18%) 늘어났지만 이 사이 전체 경찰관 정원은 2만 9천여 명(29%)이 늘어났다. 증가도는 상대적으로 현저히 낮다. 반면 112 신고건수는 2010년 854만 9천여 건에서 2022년 1,909만여 건으로 2배 이상, 124%나 늘었다. 국민이 112 신고를 하면 가장 먼저 달려와 급박한 현장의 위협을 해소해주는 경찰관이 바로 지역경찰관이다. 이들의 비중이 계속 낮아지는 현상을 어떻게 현장 경찰력 강화라고 설명할 수 있을지 답이 나오지 않는다.

지역경찰관서 경찰관이 출동하는 신고의 종별은 매우 다양하다. 같은 종별의 사건조차도 현장에서는 모두 case by case로 차이가 있다. 일례로 야간에 많이 발생하는 폭력의 경우도 그 장소가 가정이냐, 주점이냐, 도로상이냐 등에 따라 첫 진입 방법부터 다르다. 대응 방법, 사용해야 할 물리력 수단 등 처리 방향 또한 모두 다르다. 비슷한 장소라 하더라도 그 안에 들어가 순간적으로 지형지물을 파악해야 한다. 그에 따라 적합한 해결 방법이 달라지기 때문이다. 예를 들어 주점의 폭력 신고를 접수했다면 경찰관들이 바로 들어가지만 가정 폭력 신고를 접수했다면 문을 열고 바로 들어가지 않는다. 용기가 없어서일까? 물론 그렇지 않다. 경찰이 집에 들어가기를 요청하면 가정 폭력 가해자가 문을 여는 경우가 있다. 이때 흉기를 든 채 바로 경찰관에게 휘두를 수 있기 때문에 주의하는 것이다. 흉기를 든 가해자가 순화되지 않고 본인 또는 가족의 신변에 해를 가하려는 경우도 있다. 이때에는 부득이하게 테이저건 등 물리력 수단을 사용하게 된다. 하지만 노련한 지역경찰관들은 그냥 쏘지 않는다.

가해자의 주변에 날카로운 물건이나 모서리가 없는지 등을 순간적으로 살핀다. 가해자가 테이저건의 전극침을 맞고 쓰러지면서 본인이 든 칼에 찔릴 수 있다. 주변 물체에 부딪쳐 호흡 곤란을 일으킬 수도 있다. 이런 위험 요인들을 반사적으로 판단해 사격 여부를 결정한다.

과연 이들의 업무가 경찰청과 시도경찰청, 경찰서 기획 부서에서 일하는 경찰관들의 업무보다 쉽고 덜 중요한가? 순간적인 판단력과 돌발 상황에도 흔들리지 않는 통찰력을 요구하는 업무이다. 이들의 업무가 시간을 갖고 종합적인 검토를 통해 이뤄지는 기획 부서의 업무보다 과연 쉽고 덜 중요하다고 할 수 있는가를 묻고 싶다. 아니라고 한다면 답은 당연히 현장 경찰활동의 강화가 되어야 한다. 그를 위한 첫 수순은 활동의 기본이 될 인력의 현실적 증가이다.

2013년 출범한 박근혜 정부, 2017년 출범한 문재인 정부는 모두 경찰 2만 명 증원을 공약으로 내세웠다. 비록 2만 명은 되지 못했지만 두 정부 모두 임기 중 1만 명 이상의 증원을 하였다. 실무적으로 어느 지역, 어느 관서, 어느 부서에 몇 명을 배치할지는 경찰청이 정할 몫이다. 경찰 업무에 대해 전문성이 부족한 행정안전부와 기획재정부는 경찰청이 올린 계획에 기반해 심사를 하게 된다. 매년 관련된 이야기가 흘러나올 때마다 전국의 지역경찰관들은 지구대와 파출소에 대대적인 증원이 있으리라 기대했다. 하지만 현실은 그렇지 않았다. 경찰청은 증원시마다 전문적인 역할을 담당할 각종 전담팀과 전담 경찰관을 만들었다. 그 와중에도 지역경찰관서에는 7천 5백여 명이란 적어보이지 않는 정원이 늘었지만 함정은 지역경찰관서의 수에 숨어 있었다. 2022년 말 기준 지구대는 621개소, 파출소는 1,421개소로 모두 2,000개소가 넘는다. 그리고 한 지역경찰관서에는 보통 3~5개의 순찰팀이 교대로 근무하고 있다. 전국의 순찰팀 수는 공개되어 있지 않으나 7천 팀 내외로 추산된다. 평균적으로 1개 순찰팀에 한 명 증원되었다는 이야기이다. 지역경찰관의 기본근무체계는 2인 1조로 순찰차 1대에는 2명이 탑승한다. 신고처리 현장에서 한 명만 근무한다면 가해자와 피해자를 각각 분리하고 이들을 효과적으로 통제하기 곤란하다. 게다가 경찰관이 불의의 피습을 당할 우려도 있다. 그래서 팀별 인원이 홀수로 나오면 순찰팀장은 혼자 근무조를 구성하지 않고 3인을 1개조로 구성한다. 즉, 한 명 증원만으로는 1대의 순찰차를 더 돌릴 여건조차 되지 않는다는 의미이다.

현장에서는 '신고를 쳐내고 다닌다.'는 표현을 쓰기도 했다. 한 건의 신고를 처리하는 순간 다른 신고가 내 순찰차에 배당된다. 다음 현장으로 가려면 지금 신고를 빨리 처리해야 하는 상황을 빗댄 말이다. 신고를 한 국민 입장에서는 내 신고 처리가 중요하다. 그런데 경찰은 그에만 온전히 집중할 수 없어 기본적인 조치만 취하고 다음 현장으로 떠난다는 의미가 된다. 과연 만족하겠는가. 경찰청은 매년 신고처리 경험이 있는 국민들을 대상으로 '치안고객 만족도' 조사를 한다. 바람직한 결과가 도출되기를 기다리는건 경찰청의 욕심일 수밖에 없다. 우선적으로 인원이 부족해 다음 신고를 달고 다니지 않도록 충분한 인력을 증원해야 한다. 종합적인 시각에서 정책을 기안하고 추진하는 경찰청 기획 부서라면 '치안 고객 만족도'는 그와 병행해서 높이려해야 한다.

경찰서 또한 지역경찰관서 인력을 실질적으로 늘리기 위해 변화해야 한다. 지역경찰관서는 경찰서 112 치안종합상황실에 소속되어 있다가 2023년 하반기 대한민국을 공포에 떨게 한 이상동기 범죄로 인해 2024년부터 범죄예방대응과로 변경된다. 여하튼 10개 이상의 과 단위 부서 중 하나의 과에 소속되어 있는 셈이다. 경찰서 단위 인사에서 어느 부서 인원을 더 채워주고 어느 부서를 후순위로 미뤄둘 것인가의 최종 결정권자는 경찰서장이다. 과장들은 업무량 대비 인원 부족을 서장에게 주장하고 최소한 현재 인원이라도 유지하려 한다. 경찰 전체로는 인원이 증원되어도 경찰청이나 시도경찰청에서 직할하는 부서를 만들면 경찰서 인원은 오히려 줄어드는 경우가 심심찮게 발생한다. 이 때 과장들 간의 소위 힘겨루기가 시작된다. 현장 치안의 기본, 지역경찰 인원은 범죄예방대응과장이 챙기게 된다. 이 보직은 경정이 된 지 얼마 되지 않은 신참 과장들에게 일반적으로 주어진다. 과장들간 힘겨루기에서 우위를 점하기 어려운 구조에 있다 보니 지구대·파출소 인원을 필요한 만큼 채워주기가 쉽지 않았다.

그래서 경찰서 정원 대비 인원이 몇 %인가를 나타내는 충원율 지표를 보면 경찰서 내근직은 대부분 100%이다. 그러나 지역경찰관서는 100%를 채우지 못하는 경우가 많다. 게다가 지표상으로는 100%여도 실질적으로는 100%가 아니라는 것이 현장 지역경찰관들의 공통된 불만이다. 왜일까?

첫째, 내근직부터 채운 뒤 후순위로 지역경찰관서 인원을 채우는 관례가 아직도 깨지지 못하고 있기 때문이다. 이는 앞서 언급한 과장들간의 부서 이기주의와 관련이 있다.

둘째 휴직자 처리 문제가 원인이다. 경찰관 신분은 유지하면서도 직무를 일정 기간 하지 못하는 것을 휴직이라 한다. 경찰관들도 최근 들어 국가공무원법상 휴직을 자유롭게 사용하는 분위기이다. 그런데 경찰서 내근 부서에서 휴직자가 발생하면 지역경찰관서에서 공백 인원을 충원했다. 그래서 지역경찰 인원이 줄어드는 상황이 매번 반복되고 있다. 인원이 줄어든 지역경찰 인원을 메꿀 수 있는 부서는 없다. 그래서 지역경찰관서는 항상 신임 경찰관들이 중앙경찰학교 교육을 마치고 현장으로 나올 때까지 기다린다. 그동안 부족한 인원으로 현장의 국민들과 호흡한다.

휴직 중에는 육아휴직을 사용하는 경찰관들이 절대적으로 많다. 국가공무원법상 육아휴직은 만 8세 이하 또는 초등학교 2학년 이하의 자녀를 양육하기 위하여 필요하거나 여성공무원이 임신 또는 출산하게 된 때 자녀 한 명당 3년 이내에서 사용할 수 있다. 지역경찰관서의 인원 부족 문제가 만성화되자 일부 지휘관들은 경찰관들의 육아휴직 사용을 곱지 않게 바라보기도 하였다. 육아휴직 신청을 '국가를 위한 희생정신이 부족하다.'라고 매도하거나 '남성이 무슨 애를 보냐.'며 폄하하기도 하였다. 하지만 가정의 기본적인 문제를 해결하지 못하고 직장에 나와 일을 제대로 하기를 기대할 수는 없는 노릇이다. 특히 시대의 변화에 따라 최근에 입직하는 경찰관들은 남녀 가릴 것 없이 육아에 동참하고 있다. 지금의 경찰 지휘부가 청년·중년일 때와는 다르다. 그래서 예전의 육아휴직은 여성 경찰관들의 전유물로 인식되었으나 지금은 남성 경찰관들도 다수 신청하는 분위기이다. 특히 지금은 저출산이 대한민국의 미래 사회 구조를 병들게 할 우려가 큰 시기이다. 육아휴직의 자유로운 사용과 남성의 사용비율 증대는 국가적인 문제 해결을 위해서도 꼭 필요하다.

건강한 우리나라와 경찰조직을 위해 육아휴직 등의 사용은 권장해야 한다. 하지만 휴직자 처리는 '아랫돌 빼서 윗돌 괴기' 형태로 이뤄져서는 안 된다. 경찰공무원임용령은 육아휴직을 한 경찰공무원의 업무를 소속 경찰공무원이 대행하도록 임용권자가 명할 수 있는 업무 대행 제도를 규정하고 있다. 업무 대행을 하면 소속 경찰공무원의 직무 부담이 늘어나는 것은 사실이다. 그렇다고 이를 지역경찰관서에서 빼오는 손쉬운 방법으로 해결하면 안된다. 지역경찰관의 업무 부담을 가중시키기 때문이다. 그래서 경찰공무원임용령은 업무 대행 경찰관에게 예산 범위 내에서 수당을 지급할 수 있는 조항을 두고 있다.

한편 임용령에는 '시간 선택제 전환 경찰공무원'에 관한 규정도 있다. 육아휴직 조건에 부합하는 경찰관이 원하는 경우 통상적인 근무시간보다 짧은 주당 15시간에서 35시간 이하의 범위에서 근무할 수 있도록 한 제도이다. 이 경우에도 시간 선택제 전환 경찰공무원 근무시간 외에는 업무 대행 경찰관이 업무를 할 수 있다. 경찰관이 육아와 직무를 병행하기 원하는 경우를 고려한 규정이다. 현실적으로는 본인의 육아로 인해 부서 내 다른 동료들에게 주는 부담을 최소화하고자 할 때에도 사용된다. 민원실 등 특정부서에서는 시간 선택제 일반공무원을 채용하여 경찰관의 빈자리를 채우기도 한다. 시간 선택제 공무원이란 육아, 건강, 돌봄 등의 사유로 전일제 근무자보다 적은 시간을 일하면서도 근로조건은 동일한 공무원을 말한다. 이런 기존 제도들을 적극적으로 활용해 휴직자의 공백을 메꾼다면 지역경찰관서로의 부담 전가는 일정 부분 방지할 수 있다.

그리고 현 정부가 2023년부터 시행한 총경 복수직급제를 경찰서 과장 인사에 선제적으로 적용했으면 한다. 기존 경정들이 맡았던 보직에 총경도 보임할 수 있는 제도가 총경 복수직급제이다. 지금은 총경을 우선 시도경찰청 상황팀장에 배치하고 있다. 시도경찰청 관할의 전반적인 상황관리는 시민들의 신고 초동 조치와 직결되기 때문에 중요하고 그래서 적절한 선택이다. 다만 제도 시행 첫 해에는 후순위 배치 보직들로 교육기관과 시도경찰청의 주요 계장 자리가 발령되었다. 그보다는 경찰서 범죄예방대응과장을 총경으로 배치해야 한다. 앞서 지구대와 파출소를 관할하는 과장이 신참 경정들로 배치되어 인원 확보에 어려움이 많다는 이야기를 하였다. 이 자리에 총경급이 배치되면 최우선 현장 부서에 최우선적 인원 보충이 될 수 있으리라 본다. 게다가 지구대와 파출소의 직무수행을 관장하는 보직이기에 민생 안전과 직결되어 있다. 정부는 경찰관들의 복수직급제를 시행해 예년보다 총경들을 많이 선발하였다. 이들을 국민 안전과 직결된 부서로 배치해야만 제도 시행의 의의가 빛난다. 그렇지 않으면 오직 총경 자리를 늘리고자 시행했다는 비판으로부터 벗어날 수 없다.

장기적으로는 인사원칙에도 뉴 노멀을 정립해야 한다. 우리는 4차 산업혁명과 예기치 않은 코로나 19 사태를 겪었다. 서로 얼굴을 마주하지 않는 비대면 직무 환경이 형성되었다. 인공지능 등 첨단 기술의 발달은 기존 경찰 인력이 하던 사무를 대체할 수 있는 가능성을 제시하고 있다. 단순하고 반복적인 사무는 인공지능이나 로봇이 알고리즘으로 자동 처리(RPA: Robotic Process Automation)할 수 있다. 고도의 숙련도를 요하지 않는 단순 통계작업부터 적용하면 된다. 추후 기술이 사람의 판단력을 대체할 수 있는 수준까지 이르면 예산 및 결산, 인사 관리 등 적용

범위를 넓혀나가야 한다. 지금도 경무과를 비롯하여 순수 내근 성격이 강한 부서에서는 경찰관을 일반 행정직 공무원 등으로 전환하는 시도가 진행 중이다. 국민과 상담하는 챗봇(chatbot), AI가 학습한 빅데이터를 활용한 업무지원 시스템 등을 발전시켜나간다면 대체 범위를 더욱 확장시킬 수 있을 것이다. 4차 산업혁명발 뉴노멀의 정립은 내근 부서 경찰관 일부를 현장으로 전환시킬 수 있다. 그래서 국민의 안전을 지킬 현장 경찰력의 강화를 가져올 수 있다.

가상 세계의 신종 범죄를 막아야 한다

코로나 19가 가져온 가장 큰 변화는 사람들이 꼭 만나지 않고도 업무할 수 있음을 깨달았다는 점이다. 온라인상의 만남은 메타버스라는 공간에 대해 폭발적인 관심을 불러일으켰다. 메타버스 안에서도 현실 속의 자기를 대체하는 아바타를 만들 수 있다. 그리고 아바타를 통해 현실 세상처럼 상호 관계를 맺고 업무를 수행하는 등 사회적 · 경제적 · 문화적 활동을 행할 수 있다. 이 세계를 가상 세계(Virtual World)라고 한다. [17] 제페토, 로블록스, 이프렌드 등이 대표적이다.

그런데 이 가상 세계 안에서 현실 법규로는 규제할 수 없는 문제들이 등장하고 있다. 이에 경찰 등 사법기관이 개입하지 않을 수 없게 되었다.

아바타에게 성폭력, 성추행, 스토킹을 하는 행위들이 발생하고 있다. 딥페이크 기술로 만든 연예인을 아바타로 활용해 성적인 수치심을 줄 행위들이 등장하기도 하였다. NFT 등이 접목되어 가상 세계에서의 경제 활동 또한 늘어난 가운데, 가상 세계에서도 범죄가 일어나고 있다. 가상 자산을 사기로 탈취하거나 타인의 정보를 퍼뜨리는 것 등이다. 그러나 이를 규제할 법규가 아직 마련되지 않은 만큼 가상 세계에서의 침해 행위에 대한 처벌 법규 마련이 절실하다. 형사상 피해자가 될 수 있는 자는 인격을 가진 사람인데 가상 세계에서의 아바타가 형사상 피해자가 될 자격이 없어 기존 법규의 적용이 어려운 현실이다. 이러한 문제는 사회적 공론화와 합의를 거칠 수밖에 없다. 가상 세계를 규율할 새로운 법규를 제정하고 가·피해자의 인격을 특별한 형태로 규정하는 등 해결책을 찾아야 한다.

그리고 법규뿐만 아니라 경찰이 가상 세계에서 제대로 수사할 수 있는 환경도 마련되어야 한다. N번방 등 디지털 공간에서 아동청소년을 대상으로 발생하는 극악한 성범죄가 문제된 바 있다. 이에 대처하기 위해 2021년 위장 수사 즉, 함정 수사가 가능하도록 관련 법규가 개정되었다. 가상 세계에서 아동청소년을 대상으로 발생하는 성범죄는 피해 아바타가 실제 사람이 아니란 문제가 있다. 그래서 피해의 크기가 현실 세계와 같은 것으로 평가받기는 쉽지 않을 것이다. 그러나 가상 세계에서의 성범죄 피해 또한 정신적인 크기는 실제와 다르다고 평가할 근거가 없다.

피해자들이 양산되고 피해를 적극적으로 호소할수록 현실 세계의 피해와 동등한 수준으로까지 평가받을 가능성이 있다. 그때가 되면 가상 세계에서의 범죄에 대해서도 함정 수사의 허용을 고려해야 한다.

범죄는 수사해서 처벌해야 하지만 예방보다 나을 수는 없다. 경찰이 현실 세계에서만 순찰을 돌며 범죄 예방 활동을 하도록 한계 지을 필요는 없다. 가상 세계에서도 범죄 예방 활동을 전개해야 한다. 경찰은 법규에 근거해 활동하는 기관인 만큼 이 활동에도 법적 근거를 제정해주어야 함은 물론이다. 이후 AI 경찰을 만들고 그가 가상 세계 안을 순찰하면서 범죄가 일어나지 못하도록 막게 하여야 한다. 가상 세계에서 일어나는 성범죄의 징후 행동이나 대화를 감지해야 한다. 사전 범행 시도 단계부터 차단할 수 있는 체계를 마련하기 위함이다. 이를 위해 경찰이 그간 수사한 사례를 바탕으로 광범위한 자료들을 AI에게 학습시킬 수 있다. 현실상의 성범죄 징후 행동이나 대화와 거의 일치하는 가상 세계 상의 신호들을 인지할 수 있게 함이 중요하다.

메타버스에서도 교육하고 훈련하는 시대

경찰관들이 급박한 돌발 상황에서 범인을 제압하는 순간은 말 그대로 찰나이다. 하지만 그 찰나의 순간은 평상시 많은 시간의 교육과 훈련이 있어야 빛날 수 있다. 내가 출동한 사안에 법규를 어떻게 적용하고 신병을 확보하며 영장을 신청할지 등도 판단해야 한다. 이 또한 마찬가지로 평상시 교육이 뒷받침되어 있어야 잘할 수 있다.

직무 교육을 즐기는 사람은 보지 못했다. 특히 교대 부서에 근무하는 경찰관들은 쉬는 날 교육 또는 훈련에 참가하는 경우가 많아 더욱 그렇다. 하지만 언제 터질지 모르는 그 찰나의 순간을 위해 교육과 훈련은 계속되어야 한다. 하자 없는 법 적용과 수사를 통해 범인을 법의 심판대에 세우기 위해 교육과 훈련은 계속되어야 한다.

문제는 교육의 효과에 있다. 강당에 수많은 경찰관들이 모여 한두 명의 강사에게 집합교육을 받아서는 효과를 담보하기 어렵다. 실제 대면 방식의 훈련은 넓은 장소를 필요로 하고 한 사람 한 사람이 돌아가면서 훈련을 받을 만큼 시간도 넉넉하지 않다. 마침 코로나 19 사태를 겪으며 비대면 교육이 일상화되었다. 경찰도 이에 동참하고 있으며 앞으로도 이러한 흐름은 끊이지 않을 것이다.

현장의 수많은 상황에 경찰관들이 제대로 대처하려면 다양한 훈련 상황이 준비되어 있어야 한다. 그런데 수많은 시나리오들이 현실 세계에서 모두 준비되기는 쉽지 않다. 그래서 가상현실(VR) 또는 증강 현실(AR)을 활용한 시뮬레이션 훈련을 적극 활용해야 한다. 메타버스의 발전이 가속화되면서 지금은 가상현실, 증강 현실 등의 구분도 크게 의미를 갖지 않고 서로 융합되는 중이다. 이미 군사, 의료 분야에서는 이런 시뮬레이션 훈련이 활성화되어 있다. 경찰도 벤치마킹하고 있으나 아직은 걸음마 단계에 있다.[18]

경찰에서는 이러한 훈련을 적용할 수 있는 상황으로 다음과 같은 사례들을 상정하고 있다. 흉기를 들고 시민을 위협하는 강력범, 국가중요시설에 침투한 테러범, 인질을 잡고 요구 사항을 전달하는 인질범 등이다. 여기서 경찰관이 어떻게 대처할 것인지를 시나리오 흐름에 따라 직접 결정하고 실행할 수 있어야 한다. 이를 위해 HMD(Head Mounted Display) 형태로 현실을 차폐할 수 있는 장구를 착용하여 훈련자의 몰입도를 높이고 있다. 또 디스플레이형으로 큰 화면에 시나리오 상황을 연출해 다수의 요원이 진행하는 팀 단위 훈련도 최근 시도된다. 문제는 현재 훈련자들이 실제와 같은 현실감과 몰입감을 느끼는 데 애로를 표시한다는 점이다.

훈련 성과를 내기 위해서는 우선 프로그램이 경찰관 아바타의 동작을 정교하게 인식하여야 한다. 내가 의도한 대로 움직이지 않는 아바타로는 실제와 같은 훈련 효과를 거둘 수 없다. 예컨대 오른쪽 전방에 있는 건장한 성인 남성이 피의자임을 확인하였다. 지금 격발하지 않으면 그 옆의 여성이 피해를 입을 것임을 확신하였다. 그렇다면 바로 테이저건을 들어 격발해야 한다. 그래서 나의 우측 손에 든 테이저건을 내 가슴 높이까지 들어 쏘았다. 그런데 내가 쓰고 있는 HMD에는 허리춤 정도만 올라와 쏜 것으로 나타난다면 훈련이 제대로 될 수 없다. HMD 외에도 팔과 다리의 미세한 동작들을 실시간으로 구현할 센서들이 지속적으로 개발되고 훈련자에게 부착되어야 한다.

기존의 대면 훈련은 결과만을 확인한 뒤 훈련자의 과정상에 어떤 문제가 있었는지 이론적으로 복기하는 수준이었다. 하지만 메타버스 시뮬레이션 훈련은 경찰관의 훈련결과를 데이터베이스화 할 수 있다는 장점이 있다. 경찰관이 훈련한 프로그램상의 영상을 녹화해 돌려보며 평가할 수 있다. 내가 범인을 잘못 추정했는지 알 수 있다. 제대로 추정했지만 제압을 위한 물리력 수단을 결정하는 것이 늦어 인질로 잡힌 시민을 구출하지 못했는지도 판단할 수 있다. 제압 수단을 신속히 선택했지만 현장 위험에 비해 너무 살상력이 강한 수단을 선택해 피의자를 사망에 이르게 하였는지도 판단할 수 있다. 경찰관 입장에서는 내 의사 결정과 대응 방안에 무엇이 문제였는지 알 수 있다. 그래야 무엇을 개선해야 할지도 명확히 알 수 있게 된다.

메타버스를 활용한 비대면 시뮬레이션 훈련방식은 경찰관의 물리적인 활동만을 상정하지 않는다. 경찰관의 형사법적 판단을 위한 훈련 또한 효과적으로 이루어질 수 있다. 수사, 형사, 지역경찰 등 현장경찰관들이 범인을 검거할 때 그의 신병을 확보하고자 현행범체포, 긴급체포 등을 하기도 하고 수사 목적상 구속영장을 신청하기도 한다. 하지만 강제수단인 만큼 엄격한 법적 요건을 지키고 법적 절차에 따라야 한다. 그간 경찰들의 교육수단은 기존의 형사소송법 책 등을 기반으로 해서 경찰청이 만든 규정집, 사례집이었다. 흥미를 지속하기 어렵기도 하지만 실제 사건을 접했을 때 해당 규정과 요건을 연상해 적용하기도 쉽지 않다. 그래서 이후로는 책을 PDF 파일화해서 내부망에 배포하는 방식을 많이 취했다. 이 또한 방대한 양 중 내가 원하는 부분을 찾는 수고로움이 필요했다. 현장에서는 별로 활용하지 않았다. 그러자 최근에는 스마트폰에 아예 카드뉴스처럼 만들어 정보들을 링크화하는 방식까지 진화했다. 현장에서의 직무 과오를 줄이기 위한 교육 방식은 계속 발전했다. 하지만 현장에서는 여전히 효과에 의문을 표시한다.

그래서 현장에서 발생하는 다양한 사건들을 시나리오로 구성하고 이를 메타버스 교육 프로그램으로 만드는 시도가 필요하다. 시나리오에서는 체포 대상자에게 미란다 원칙을 고지하고 그의 반응에 따라 후속 조치를 취하게 훈련할 수 있다. 훈련시 상대방과의 대화가 우선 필요하다. 대화형 챗봇 프로그램을 활용하여 별도로 인공지능 법전(法典)과의 대화도 같이 이루어질 필요가 있다. 지금의 인공지능 기술력으로도 기본적인 법적 절차와 요건 정도는 기존 판례와 접목하여 충분한 학습과 활용이 가능하다고 보여진다. 경찰관의 조치가 법적 요건과 절차에 부합하는지를 소위 'AI 법전'과 대화해 바로 수정할 수 있는 여지를 주면 학습효과가 높아질 것이다. 이는 실제 현장에 나가서 피의자를 상대로 강제 조치를 행할 때 활용할 수 있다. 법에 정해지지 않은 요건과 절차를 수행하는 바람에 진범을 풀어주어야 하는 최악의 상황을 피할 수 있을 것이다.

기술 치안의 발전상

현재 경찰이 위험한 물건을 든 피의자를 급박한 상황에서 제압하는데 주로 쓰는 장구는 테이저건이다. 하지만 테이저건은 겨울에 두꺼운 점퍼를 입은 사람에게는 통하지 않는다. 여름에 얇은 티셔츠 하나만 걸친 사람에게는 쇼크를 우려해 사용하지 않는다. 테이저건 아래 단계의 가스 분사기나 삼단봉 등으로는 제압이 어렵다면 어찌 해야 하는가. 현실적인 선택은 테이저건 윗 단계인 권총뿐이다. 권총은 단 한 발로 사격 대상자가 얼마든지 사망할 수 있는 위험한 무기이다.

이러한 부담은 현장 경찰관들의 권총 사용을 주저하게 만드는 주요 원인이었다. 이에 경찰청은 부산지역 화기 전문 제조업체를 통해 2022년 저위험 권총 시제품을 내놓았다. [19] 9mm 리볼버 권총으로 탄환의 발사 에너지가 현장 경찰 38구경 리볼버 권총의 1/10에 불과하다고 알려졌다. 실탄을 플라스틱 재질의 에너지탄으로 만들었기 때문에 가능한 수치로 실제 살상력은 1/10보다도 낮다고 보고 있다. 권총 손잡이에는 GPS를 달고 사격시 사용 위치와 시간 등 정보를 저장할 수 있도록 하였다. 남용을 방지하기 위함이다. 경찰은 소규모로 시범 운영한 뒤 효과성을 검증하겠다는 방침을 갖고 있다. 시범운영 결과에 따라 기능의 세부적 변화는 있으리라 보인다. 하지만 테러 현장이 아닌 민생 현장에서 범인의 살상이 아니라 범인의 검거와 피해 국민의 보호를 목적으로 한다면 저위험권총의 방향성은 옳다.

선량한 시민의 입장에서 그들이 원하는 경찰은 내 위험을 구해주는 강한 경찰이다. 경찰을 강하게 하려고 맨몸의 경찰에 권총, 테이저건, 삼단봉, 수갑 등의 장비를 착용하게 했다. 하지만 이것만으로는 부족하다. 현행법상 범죄도시의 마동석처럼 피의자를 때려잡을 수는 없지만 체포술을 활용해서는 얼마든지 검거할 수 있다. 다만 체포술도 기술에 기본적인 힘이 뒷받침되어야 한다.

그래서 경찰은 기술력의 힘을 빌려 새로운 장비들을 개발하고 있다. 그중 기대되는 것이 근력 증강 슈트이다. 민간 기업들은 2010년대 후반 이미 슈트 시제품들을 만들고 일부를 출시하였다. [20] 영화 아이언맨의 주

인공이 입었던 슈트를 보며 멋지다는 생각을 한 적이 있다. 우리 경찰도 그런 슈트를 입을 수 있으리라 기대한다.

근력 증강 슈트는 디지털 휴먼 증강(Digital Human Augmentation)의 개념에서부터 도출된다. 인공지능과 정보 통신 기술, 생명 공학 기술 등이 복합적으로 작용해 사람의 신체 능력을 향상시킬 수 있음을 전제로 한 개념이다. '근력이 약한 어르신들이 슈트를 입고 자유롭게 보행할 수 있도록 하자.', '신체작업이 많은 일을 하는 분들이 팔과 다리 등에 슈트를 입고 근력을 강화해 힘들이지 않고 근무할 수 있게 하자.' 이것이 근력 증강 슈트의 최초 필요성이었다. 현장 부서에 근무하는 경찰관들도 피의자를 추적하고 제압할 때 순간적인 근력이 요구된다. 평상시 악력 운동 등을 통해 근력을 강화할 수도 있다. 하지만 근력 증강 슈트가 보급되면 체구와 힘이 좋은 피의자를 상대할 때에도 밀리지 않고 제압할 수 있다. 경찰 스스로뿐만 아니라 국민의 안전을 보호하는 사회 공익적 목적 달성에 큰 도움이 될 것이다.

인공지능을 활용해 대민 서비스에 활용하는 기술 개발도 진행 중에 있다. 경찰은 대화형 챗봇을 도입하고자 한다. 경찰서 민원실과 182 민원상담 콜센터에 우선 보급하는 안을 갖고 추진 중이다. 국민들이 자주 물어보는 민원 사항과 원하는 민원서류 발급을 인공지능이 학습한다. 그리고 민원인과의 대화 중에 균질화된 답안을 제시하고자 한다. 경찰 업무 중 우선 돌발성과 긴급성이 덜한 업무부터 대화형 챗봇을 운영하면서 정착 가능성을 타진할 예정이다. 인공지능 챗봇을 이용하면 국민들이 동일한 질문을 할 때 경찰관 개인의 지식과 견해에 따라 다른 답변이 제공되는 문제를 해결할 수 있다. 즉 누구에게나 균질한 대답이 될 수 있다는 장점이 있다.

챗봇은 민원담당 경찰이 단순 반복적인 서비스 제공에 투입할 시간을 아껴 업무 피로도를 낮출 수 있다. 아낀 시간만큼은 복잡한 검토가 필요한 업무에 집중하게 할 수 있다. 국민 입장에서는 서비스를 받기 위해 대기하는 시간을 줄여줘 만족도가 올라갈 것이다. 운영 과정에서 수시로 경찰관들이 법령과 지침의 변경, 단속 현황 등 민원 자료는 업데이트해주어야 한다. 그리고 서비스가 성공하려면 민원인과의 챗봇 대화 데이터를 최대한 축적하여 챗봇의 학습 자료로 삼아야 한다. 이렇게 챗봇이 경찰관의 민원응대 업무를 경감시키면 민원실에 근무하는 경찰관 일부를 현장 부서로 재배치할 수도 있다. 이렇게 현장 경찰력을 강화하는 부수적 효과도 노릴 수 있다.

민원 응대 업무 위주의 챗봇이 활성화되면 장기적으로는 지역 내에서 범죄를 예방하는 역할까지 범위를 넓힐 수 있다. 한 곳에 고정된 키오스크 형태가 아니라 이동이 가능한 로봇 형태의 챗봇이 관할을 돌 수 있다.

지역 주민들의 문의에 응답하고 범죄와 관련된 내용은 112 신고를 접수해주는 등 또 한 명의 경찰관 역할을 할 수 있다. 지금의 지역경찰은 계속적으로 이어지는 112 신고 처리에 집중하느라 관할 방범 순찰에 상대적으로 많은 시간을 투자하지 못한다. 로봇이 그 역할을 대신해 범죄 위협 요인을 감지하고 범죄를 예방하는 역할까지도 하게 될 것이다.

인공지능은 국민뿐만 아니라 경찰의 업무 처리에도 직접 도움을 줄 수 있다. 현장 경찰관들이 신고를 받고 출동하는 과정, 도착해서 신고자와 관련자를 만나고 사건을 처리하는 과정을 생각해보자. 어떤 장비를 착용하고 출동해야 할지, 만나기 직전의 유의사항은 무엇인지, 현장 상황에 따라 어떤 조치를 취하는 것이 좋을지, 체포한다면 어떤 법조항을 적용해 미란다 원칙을 고지할지, 신병을 확보할지 등 고민할 사항이 많다. 예전에는 현장에 출동한 경찰관들이 스스로의 판단으로 조치를 취했다. 그 과정에서 잘못된 법 적용이나 절차상 하자가 발생하면 현장 경찰관이 고생하고도 법적 책임을 져야 했다. 그래서 경찰은 시도경찰청 112 상황팀장, 부팀장들이 중요신고 접수 시마다 유의사항을 무전, 시스템 등으로 알려주는 '현장코칭 시스템'을 도입했다. 2019년부터 본격적으로 실시된 현장코칭은 나름 정교한 현장조치를 가다듬는데 성공했다. 그러나 시간이 지나며 획일적인 코칭이 되고 있다는 비판에 직면했다. 경찰청은 보다 실질적인 코칭방안 마련을 위해 고심 중이다.

이런 시점에서 경찰관들이 현장에서 고민하는 문제들을 인공지능이 답할 수 있다면 치안 도우미로서 시원한 역할을 할 수 있을 것이다. 나는 대학교수가 된 직후인 2021년말 '112 의사결정 지원 시스템' 개발을 위한 자문회의에 참석한 적이 있다. 그 시스템은 112 신고를 받고 현장에 출동한 경찰관들이 궁금해하는 정보들을 인공지능이 학습하여 알려주고자 기획되었다. 다만 신고 접수되는 내용들은 워낙 광범위한 종류와 다양한 상황들을 포함하고 있다. 회의 참석자들 사이에서는 인공지능이 모든 상황들을 이해하고 대처 방안을 학습하기에 상당한 어려움이 있으리란 우려가 있었다. 현장 경찰관들의 치안 도우미 역할을 할 인공지능 시스템에게 다양하고 복잡한 상황들을 학습시키는 건 사람, 경찰관과 연구자들이 해야 할 일이다. 연구자들이 학습할 자료는 각종 신고 처리 기록에서 나온다. 신고 접수 경찰관이 기재한 신고 내용 텍스트는 수집할 수 있겠지만 녹취나 영상까지는 곤란할 것이다. 개인정보와 보안의 문제로 민감한 상황들이 대다수이기 때문이다. 이를 활용하지 못하면 가상의 데이터를 만들어 학습시켜야 한다. 당연히 현실성이 떨어진다. '112 의사결정 지원 시스템'이 현장 경찰의 업무 처리 완결성과 효율성을 획기적으로 올려줄 수 있는 기술적 개발임은 분명하다. 상황 자료의 수집과 분석에 장애물이 없도록 경찰청의 전략적이고도 정책적인 지원이 필요하다.

치안 도우미로서의 인공지능 프로그램은 수사 분야에서도 기대되는 역할이 있다. 수사관들은 법원 판례를 항상 분석하고 그에 따라 수사 방향을 설정한다. 이러한 역할을 치안 도우미 인공지능이 할 수 있다. 수사관은 인공지능이 알려준 판례와 주요 쟁점을 가지고 수사에 바로 돌입할 수 있게 될 것이다. 2023년 초 미국에서는 오픈 AI가 만든 챗GPT가 판결문까지 작성해 화제가 된 적이 있다. 단순히 키워드를 입력하면 관련된 자료를 담은 링크를 전달해주는 수준이 아니다. 웹 상의 거대 신경망을 통해 인간이 원하는 형태의 자료를 생성해주는 역할까지 한다. 구글을 비롯해 우리나라의 네이버 등도 진일보한 대화형 챗봇 AI가 기존 검색엔진을 대체할 수 있다는 위협을 느끼고 이러한 AI 출시와 상용화를 준비하고 있다.[21] 이러한 거대망 AI, 생성형 AI는 인간의 업무 처리를 효율적으로 도와줄 것이다. 물론 인공지능이 작성한 자료를 검토 없이 그대로 제출하고 사용한다면 문제가 될 수 있다. 아직 거대망 생성형 AI의 윤리적 문제는 해결되지 않았으니 말이다. 하지만 자료를 본래의 사용 목적에 맞도록 인간 스스로 검토하고 수정하여 완성하는 업무 방식은 되돌릴 수 없는 흐름으로 자리잡을 것이다.

그렇게 된다면 현장 경찰의 사건 발생 보고서, 현행범인 체포서, 수사관의 수사 결과 보고서까지도 인공지능이 작성하게 될 것이다. 성범죄 피해자들은 경찰과 직접 얼굴을 마주하고 자신의 범죄피해를 상세히 이야기하기 어려워한다. 이 경우 생성형 대화 기능에 특정 시나리오를 정리해 그에 따른 답변을 받을 수 있는 하이브리드형 기능으로 피해자 간이 조서도 받을 수 있을 것이다.[22] 다만 거대 AI의 성패는 압도적인 데이터의 양이 주어지느냐, 그리고 그를 통한 강화 학습이 이루어지느냐에 있다. AI도 시행 초기에는 질문에 다른 답을 내놓는 등 시행착오가 있다. 따라서 반복적으로 시행착오를 겪으며 실수를 줄이는 강화 학습은 필수적이다. 경찰의 수사 과정상 서류들은 민감한 보안 자료이기 때문에 민간이 아니라 경찰이 구축한 인공지능 시스템이 필요하다. 자료 또한 수시로 축적해 방대한 데이터를 확보해야 한다. 그리고 강화 학습을 통해 제대로 된 상황과 법조를 적용할 수 있도록 하여 수사서류 생산의 기초로 삼아야 한다. 프로그램 사용자가 많아질수록 정확성이 높아지는 특성은 경찰에게 강점이다. 13만대군을 가지고 있는 경찰의 내부 AI는 다른 공공조직의 내부 AI보다 상대적으로 정확도를 확보할 수 있다. 다만 '형사사법절차전자화촉진법' 등 관련 법규상 다른 수사관의 수사 자료를 복사, 전송하는 등의 접근 자체는 막혀 있다. 여기서 수사 결과 보고서 등을 AI의 학습 자료로 사용할 수 없는 문제점이 존재한다. 이제는 AI가 우리 생활 전반에 영향을 미칠 대세임을 수긍하고 이에 맞게 법률을 개정하여야 한다. 현재는 법률상의 한계로 인해 하급심 판결문을 학습 자료로 사용하여 산출물의 질을 높일 계획이다.[23]

추후 기본적인 퀄리티가 확보되면 수사 결과 보고서 등도 강화 학습의

자료로 사용해야 한다. 그래야 AI가 복잡다기한 경찰 현장의 특성을 정확하게 반영할 수 있을 것이다. 앞으로 경찰은 거대 인공지능 프로그램이 작성한 서류에 특수한 상황적 요인만 추가해 보고서, 나아가 피해자 및 참고인 조서 등을 완결 짓게 될 것이다.

V

우리 주변을
안전하게 지키는
경찰 현장

트렁크 안에 사람이 있어?

인천경찰청 112 상황팀장을 하던 때의 일이다. 이 보직은 112 상황실로 계속 들어오는 신고들 중 중요한 사건, 긴급한 조치가 필요한 사건을 중심으로 지령과 진행 및 종결 사항을 살핀다. 그래서 최종 조치가 제대로 이루어지도록 한다. 신고와 관계없이 예정된 중요 행사나 돌발적으로 발생한 치안 위협 상황에도 적절히 초동 조치가 이루어질 수 있도록 한다. 필요한 경력을 적정히 배치하고 상부에 보고하며 관련 기관에 전파하는 역할을 한다.

야간 근무 중이었다. 신고를 접수하던 상황팀원 중 한 명이 갑자기 손을 번쩍 들었다. 신고를 받는 도중 상황팀장 또는 부팀장에게 특이한 신고 또는 중요한 신고가 들어왔음을 알리는 신호이다. 부팀장이 그 경찰관 뒤에 서 신고내용을 같이 듣더니 내게 와 말했다.

"팀장님, 어떤 남자가 자기가 차 트렁크에 갇혀 있답니다. 납치 같습니다."

"지금 어디라 합니까?"

"○○동에서 남자들이 위협하고 자기를 차 트렁크에 밀어 넣었답니다. 움직이는 중이어서 지금은 어딘지 전혀 모르겠답니다. 핸드폰 위치 조회 해보죠."

"아. 신고자가 핸드폰을 갖고 있네요? 전화온 번호로 조회합시다."

우리팀은 신고자가 전화를 건 번호로 통신사에 위치 조회를 의뢰했다. 그 결과는 30초도 되지 않아 112 시스템으로 도착했다. '제발 기지국 위치만 오지는 말아라.', 'GPS 위성 조회 위치가 같이 와야 한다.' 참고로 상황실에서는 3가지 위치를 통신사로부터 받는다. 구조를 해야 할 사람의 핸드폰이 접속한 기지국 위치가 하나이다. 그 사람의 핸드폰 주변에 있는 와이파이 무선 공유기 위치가 또 하나이다. 그 사람의 핸드폰을 위성으로 확인한 GPS 위치가 마지막 하나이다. 이 중 기지국 위치는 기본적으로 현출되지만 오차가 커 잘 신뢰하지 않고, 와이파이와 GPS 위치는 정확하나 신고자가 켜두지 않으면 현출되지 않는다. 이 사건에서 GPS 위치가 뜨기를 기대한 나의 바람은 다행히도 현실화되었다. 신고자 핸드폰에 위치 버튼이 활성화되어 있었던 것이다. 하지만 그 위치는 실시간으로 변하고 있었다. 신고자가 갇혀 있는 차가 계속 이동 중이니 당연한 현상이었다.

시시각각 변하는 핸드폰의 조회 위치를 지도상으로 쫓았다. 일단 이동 방향이 나오기 시작했다. 지령대에 있는 상황팀원은 신고자가 이야기한 해당 차량의 차종과 색상, 그리고 현재의 위치와 진행 방향을 실시간으로 무전 전파하고 있었다. 안타깝게도 신고자가 차량번호는 보지 못했다. 그래서 이동 경로를 놓치면 사실상 추적이 실패할 가능성이 높았다. 나는 그 팀원에게 인천 전역 긴급배치 1단계를 걸어 달라고 주문했다. 관할 순찰차 중 현재 신고를 처리하고 있지 않은 모든 순찰차가 정해진 거점으로 출동해 그곳을 지키는 조치이다. 이동 중인 범죄자가 어느 곳으로 가더라도 경찰의 포위망에 지금 바로 걸리도록 해야 할 때 내리는 조치이다. 지령 요원은 무전에 바로 긴급배치 1단계를 발령했다. 그렇게 남자의 첫 신고가 들어온 지 약 10분쯤 지난 시점이었다. 차량의 실시간 이동이 상당 시간 멈췄다. 공단에서 빠져나와 대로상으로 진입한 지점이었다. 아마 신호 대기에 걸린 듯 했다. 우리팀은 절호의 검거 기회임을 직감했다. 이번에는 내가 직접 무전을 잡았다.

"○○사거리! ○○사거리 △△동 방향! 2분째 정차!"

지령대의 팀원은 나의 다급한 외침이 끝나자 지도상에 보였던 인근의 순찰차 5대를 모두 해당 사거리로 가도록 지령했다. 곧 그 차량은 경찰의 포위에 걸려 갓길로 정차했다. 차량의 운전자는 트렁크 안의 남자가 신고를 한 사실을 알지 못했기 때문에 도망치지 않았다. 신고 내용을 알고 있는 경찰관들은 바로 트렁크 개방을 요구했다. 그때서야 상황을 직감한 운전자 일행은 별다른 저항을 하지 못하고 트렁크를 열었다.

납치 사건을 발생 15분 만에 피해자의 신체 피해 없이 해결한 것이다. 112 상황실은 이동성 범죄에 긴급하게 코드 0을 발령하고 전역에 긴급배치 1단계를 걸었다. 신고자의 위치를 실시간 조회해 이동 방향으로 실시간 모이게 하였다. 그리고 지역경찰들은 평상시 이런 상황을 대비해 모의 훈련을 지속적으로 해왔다. 사건 해결은 이들의 기민한 대처가 가져온 결과였다. 나중에 납치 피의자를 조사한 관할 경찰서 형사과를 통해 전말을 들어보았다. 피의자는 신고자와 피의자의 처를 부적절한 관계로 확신하였다. 분노한 피의자가 일행들을 이끌고 신고자가 있는 곳으로 와 야구방망이 등으로 협박하였다. 그리고 트렁크에 태워 이동하던 중이었다. 우리가 구해준 신고자가 도덕적으로 깨끗한 상황이 아니었을 수 있다는 점은 씁쓸했다. 그러나 경찰은 지금 당장 위험에 처한 사람을 안전하게 구하는 직업이다. 그 사람이 누구인지는 그 순간 알 수도 없고 그런 여부를 판단하는 사람들도 아니란 점을 떠올렸다. 또 한편으로는 신고자의 신병을 확보하고도 외부 연락 수단인 핸드폰을 뺏지 않은 피의자 일행에게 감사하기도 했다. 순간적인 분노 때문에 효과적인 판단을 못한 듯싶었다. 다행이었다.

한 사람이 두 곳에… 홍길동?

　평일 오전 상황실로 한 통의 신고가 접수되었다. 자기 친구가 어른들한테 납치되어 차를 타고 어디론가 가고 있다는 내용이었다. 본인은 친구한테 메시지를 받고 대신 신고해서 자세한 내용은 알지 못한다고 덧붙였다. 접수 경찰관은 통화 도중 내게 와 사정 설명을 했고 친구의 핸드폰 번호로 위치 조회를 요청하였다. 나는 승인을 해주고 핸드폰의 위치 조회 결과를 기다렸다. 회신 결과가 바로 112 시스템에 전송되었다. 그런데 무언가 이상했다. 앞서 말했듯이 상황실에서는 3가지 위치를 통신사로부터 받는다. 당연히 이 3가지 위치는 약간의 차이가 있어도 근방에서 잡혀야 한다. 그런데 기지국과 GPS의 위치 차이가 너무 컸다. 기지국은 경상북도, GPS는 인천이었다.

한 사람이 두 곳을 실시간으로 왔다 갔다 한다는 말인가? 순간 혼란스러웠다. 그때 상황부팀장이 무릎을 탁 치며 이야기했다.

"아들 녀석 포켓몬GO 열풍 불 때 막 잡으러 다녔거든요. 그때 이런 거 쓰는 애들 있다고 했어요."

본인의 핸드폰 GPS 위치를 조작하는 앱이었다. 소위 GPS 교란앱이다. AR(Argumented Reality: 증강현실) 기반의 게임에서 포켓몬이 뜬 위치에 본인이 있지 않으면 현실적으로 그곳까지 내가 이동해야 포켓몬을 포획할 수 있다. 하지만 이 앱을 사용해 위치를 조작하면 본인이 마치 그곳에 있는 것처럼 해당 게임에서 인식해 포켓몬을 잡을 수 있는 원리이다.

지금 납치되어 이동 중이라고 추정되는 젊은이는 GPS 교란앱을 쓰는 것으로 보였다. 그렇다면 여기서 믿을 것은 기지국 위치였다. 기지국 위치는 GPS에 비해 오차가 커 GPS 위치가 확인되면 잘 활용하지 않지만 당시는 그 위치를 믿어야 했다. 지도상으로 충청북도를 지나 경상북도까지 빠른 속도로 기지국 위치가 바뀌고 있었다. 고속도로를 타고 있다고 추정했다. 고속도로순찰대에 신고 내용과 위치를 공유하고 출동을 요청했다. 그러던 중 경북 ○○군 근처에서 기지국 위치가 멈췄다. 우리는 지도를 검색해 그가 ○○휴게소에 있을 것이라 확신했다. 바로 경북경찰청 112 상황실에 ○○휴게소로 순찰차를 보내줄 것을 요청했다. 경북경찰청은 바로 응답했고 얼마 지나지 않아 관할 지구대 순찰차가 휴게소에서 해당 차량과 사람을 찾았다고 알려주었다.

일단 신고 사건 처리는 종료되었다. 여러 시도경찰청간의 공조가 필요했던 사안이기에 도움을 준 시도경찰청에 감사를 표시하였다. 경찰청에서는 매끄럽게 잘 해결했다며 관련된 시도경찰청들을 격려해주었다. 그런데 사안의 진상이 궁금했다. 그래서 오후에 해당 경찰서에서 대략적인 조사가 끝났을 것이라 생각될 무렵 경북경찰청에 문의했다. 그리고 이와 같이 답변을 들었다.

우선 납치감금이 맞다. 피해자는 20대 초반의 남성으로 인터넷에서 가해자에게 물품을 팔기로 하였다. 그런데 돈만 받고 쓸모없는 다른 물건을 보낸 것이다. 이에 화가 난 납치감금의 피의자(물품사기 피해자)가 친구들을 이끌고 인천까지 올라갔다. 물품거래를 한 남성을 찾아낸 뒤 차에 싣고 자신들의 고향 쪽으로 이동한 것이다. 그 와중에 납치감금 피해자가 친구에게 지금 잡혀간다는 사실을 문자 메시지로 전한 것이었다. 한 사건의 피해자가 다른 사건에서는 피의자가 되는 현실이었다.

인질을 잡고 있다고?

아침에 인천경찰청 상황실로 출근한 나는 야간 근무를 마친 상황팀장과 업무 인수인계를 하고 있었다. 인수인계 사항에는 교대 시간 전에 들어온 사건 중 종료되지 않고 진행 중인 사건도 당연히 포함된다. 야간 상황팀장은 이 중 하나의 신고를 체크해주었다.

"남자친구가 신고한 건데, 여친의 전 남친이라는 사람이 갑자기 찾아와 현관을 열고 들어왔대요. 자기는 거기서 나왔고요."

"누구 집이죠? 자기는 왜 나왔대요?"

"여자친구 집이래요. 그런데 남자가 칼 같은 것을 들고 와서 놀란 바람에 자기도 모르게 뛰쳐나왔대요. 문은 닫혔고."

"그럼 지금은 어떻게 된 거예요?"

"경찰서 상황실에 총력 대응 지시했어요. 아직 그 안의 상황은 보고된 게 없어요."

총력 대응이란 사안에 따라 관할 안의 모든 출동 자원을 동원하여 대응하는 시스템을 의미한다. 예컨대 가정폭력 사건이 일어났다면 보통은 관할 지구대의 순찰차 1대만 출동한다. 하지만 총력 대응을 하게 되면 동원 가능한 다른 순찰차, 지구대장 또는 순찰팀장, 그리고 형사, 여성청소년과 수사팀 경찰관까지 동시에 현장으로 출동한다. 최초 출동한 지구대 경찰관이 위험성을 인지하고 그때서야 경찰서 전문부서를 부르면 다시 대기시간이 생기고 그 사이 상황은 얼마든지 악화될 수 있다. 이런 상황을 방지하고 현장에서 바로 적절한 대응이 이루어질 수 있게 하는 데 총력 대응의 목적이 있다.

사건을 인수받은 나는 우선 해당 경찰서에 조치 사항을 파악했다. 관할 지구대 경찰관이 이미 도착해 있고 형사들도 현장으로 출동시킨 상황이었다. 경찰서장 보고를 하였나 물었더니 아직 현장 상황이 어떤지 알 수 없어 기다리는 중이라 하였다. 그 안에서 어떤 상황이 발생할지 알 수 없으니 바로 경찰서장 보고 후 지휘를 받도록 지시하였다.

현장 지휘관이 순찰팀 선임이냐, 지구대장이냐, 형사과장이냐, 경찰서장이냐의 차이가 다를 것이 무엇이 있겠는가, 정해진 대로 조치하면 되는 것 아닌가 싶을 수도 있다. 하지만 경험상 현장 지휘관이 누구인가의 차이는 크다. 지휘관마다 가진 역량 차이가 계급에 따라 달라서는 아니다. 지휘관의 계급에 따라 현장에서 동원할 수 있는 경찰력의 범위, 그리고 지휘권이 미치는 파급 효과가 다르기 때문이다. 경찰서장은 관할 내에서 모든 경찰관의 인사 및 징계권을 가지고 있다. 그의 지시 하나는, 형사과 경찰관에게만 권한을 가지고 있는 형사과장이나 지구대 경찰관에게만 권한이 있는 지구대장과는 확연히 다르다. 부서가 다른 현장 경찰관들이 총력 대응이라는 것을 하려고 모였다. 그렇다면 이들이 눈앞에 직면한 하나의 사건을 합심하여 해결할 수 있도록 해야 한다. 모두를 실질적으로 통합 지휘할 자가 현장에 존재해야 한다.

나는 경찰서 상황실에 현장 상황을 대략적으로라도 알려 달라고 요청했다. 처음 출동한 지구대 경찰은 현관문 앞까지 갔지만 진입을 못하고 있었다. 집 안의 남자는 날카롭게 들어오지 말라는 소리만 외치고 있다고 하였다. 느낌이 영 좋지 않았다.

나는 문자를 작성했다. 제목은 '인질 의심사건 발생보고', 수신자는 인천경찰청장이었다. 동시 수신자로 부장 그리고 형사과장을 비롯해 관련 과장들을 포함했다. 당시 시각은 오전 9시경, 청사 회의실에서는 청장이 각 과장과 함께 참모회의를 주재하고 있었다. 정말 급한 사안이 아니면 회의 종료 시간까지 기다리는 게 관행이었다. 하지만 이 사안은 그리 보이지 않았다. 1분 정도 지났을까. 상황실장이 다급히 내려오며 말했다.

"황 팀장! 얼마나 심각하기에 회의를 도중에 끝내게 한 거야?"

사실 청장이 주재하는 회의가 도중에 파(破)하는 건 매우 드문 일이다. 상황실장 말에 따르면 핸드폰 문자를 확인한 청장이 갑자기 형사과장을 보며 현장에 가 인질 사건을 챙기라 말하고는 자리를 떴다는 것이었다. 세심하게 사안을 통찰하고 필요할 때는 과단성 있게 대처하는 분이었는데 역시나였다. 얼마 지나지 않아 청장 부속실로부터 청장이 현장에 나간다는 언질을 전해 들었다.

그 사이 실제 여성의 집 안 상황도 변화가 있었다. 남성이 여성을 데리고 창가 쪽으로 나와서는 칼을 들어 보인 것이다. '철수하지 않으면 나 스스로 죽겠다.'는 말과 함께였다. 그리 되어서도 안 되지만 칼끝이 본인이 아닌 여성을 향할 수도 있고 심지어는 10층 집에서 뛰어내릴 수도 있었다. 경찰은 남성의 말 한마디 한마디에 끌려 다니지 않고 모든 상황을 대비했다. 우선 소방과 협조해서 집 아래 1층에 대형 매트를 설치했다. 인천경찰청 소속 경찰 특공대도 출동 명령을 받고 도착했다. 특공대 대원들은 해당 건물 옥상과 맞은 편 건물 옥상으로 올라가 만일의 상황 전개에 대비했다. 해당 건물 옥상에서 레펠을 타고 해당 집으로 침투하는 작전, 그리고 맞은 편 건물 옥상에서 피의자를 저격하는 작전까지 준비하고 있었다.

남성은 경찰의 대대적인 출동에 적잖이 놀란 듯했다. 게다가 각 방송사 카메라와 기자들도 상당수 진을 치고 있었다. '인천서 인질사건 발생, 경찰과 대치중'이라는 속보가 9시 45분경 처음으로 나간 후였다. 간간이 창 쪽으로 나와 보다가 들어가기를 반복하던 그는 장시간 창문에 보이지 않았다. 대신 인천경찰청에서 나온 인질 협상팀과 현관문 하나를 사이에 두고 대화를 이어나갔다. 인질 협상팀은 인질사건 발생시에 활용하기 위해 위기협상 전문가 교육을 받은 경찰관들을 중심으로 편성한 비(非)상설 조직이다. 인질 협상팀과의 지리한 대화에 마음이 움직였을까? 거의 정오가 된 시각, 상황 종료를 알리는 무전이 나오기 시작했다. 다행히도 그가 현관문을 열고 나온 것이다. 경찰은 바로 그를 현행범 체포했고 집 안에 있는 여성의 안위를 눈으로 확인했다. 신체적 피해는 없었다. 기민하게 이루어졌던 현장 지휘부의 임장과 특공대, 인질 협상팀 등 필요한 경찰들의 출동이 집 안의 피의자에게 심리적 압박을 주었음에 틀림없었다. 말로만 하는 총력 대응이 아니라 지휘부가 실제로 움직여야 이루어지는 것이 총력 대응임을 절실히 느낀 순간이기도 했다.

순간 번뜩였다

112 신고를 접수하는 경찰관에게는 순간적으로 번뜩이는 재치가 필요하다. 최근 112 신고 접수 경찰관을 상대로 연구를 한 바 있는데 그들이 가진 심리적 부담 중 하나가 바로 '순간적으로 재치를 발휘해서 그 사람의 안전을 지켜줄 수 있을까?'였다.

토요일 야간이었다. 일주일 중 가장 많은 신고가 몰려드는 때가 금요일과 토요일 밤이다. 그날 역시 명불허전(名不虛傳)이었고 모든 신고접수 경찰관들이 쉴 틈 없이 신고들을 받고 있었다. 그런데 한 접수 경찰관이 뒤를 돌아 나를 보았다. 그는 몰려드는 신고량의 압박을 커버하기 위해 자기 자리에서 신고를 받아주던 상황부팀장이었다. 나는 그의 뒤로 갔다. 그런데 부팀장은 아무말을 않고 있었다. '무슨 상황이지?' 의아해 하자 그가 내부 공청 버튼을 눌렀다. 이 버튼을 누르면 상황실에 설치된 스피커를 통해 신고자의 목소리가 흘러나온다. 접수 경찰관들은 평상시 신고자의 말과 주변 소리를 정확히 듣기 위해 헤드폰을 쓰고 근무한다. 다른 사람들은 통화중 신고자가 말하는 소리를 들을 수 없다. 그래서 신고자와 대화하는 내용을 상황실 내 팀장이나 다른 경찰관들에게 들려주어야 할 때 이 기능을 썼다. 한편 부팀장은 최상위 긴급코드인 코드 0을 발령했다. 이미 신고자가 피의자와 대화하는 내용을 관할 지구대 경찰관에게도 실시간으로 전파하고 있었다. '선지령' 기능을 활용한 것이다.

"아… 따라오지 마요. 뭐야… 어딜 만져…."

처음에 부팀장은 자신의 물음에 신고자가 아무 말을 하지 않자 잘못 걸린 전화를 의심했다. 하지만 이내 한 여성과 남성이 대화하는 듯한 상황임을 감지했다. 그리고는 더 이상 신고자에게 묻지 않은 채 대화를 듣기만 하다가 내게 손을 든 것이었다.

"팀장님. 휴대폰 위치 조회해서 일단 경찰 보냈습니다."

대략적인 위치는 잡힌 상태였다.

"부팀장님. 지금 여자분 어디 있는지 물어보시죠. 문자로."

부팀장은 문자메시지를 전송했고 신고자인 여성에게 답이 왔다. 이 대답 또한 112 시스템에 등록해 출동 경찰관이 알 수 있게 했다.

10분쯤 지났을까. 현장에서 검거 보고가 올라왔다. 남녀는 평상시 알던 사이가 아니었다. 술에 취한 듯한 남성이 여성을 계속 따라오며 추근대는 과정에 추행 행위까지 발생했다. 우선은 자신의 휴대폰을 일부러 켜둔 채 경찰이 자신의 상황을 알도록 한 신고자의 기지가 놀라웠다. 경찰이 알아주리라 믿었던 신고자의 믿음도 감사했다. 아무 말 않는 신고자의 전화를 잘못 건 것으로 예단하지 않고 실제 신고임을 감지한 부팀장의 재치가 무엇보다 대단했다. 그리고 선지령 기능을 활용해 경찰관들을 신고접수 중에 출동시킨 노련함 또한 돋보였다.

그날은 경찰관의 재치가 유독 많았는데 한 여성이 112로 전화해서는 대뜸 오빠를 찾았다.

"오빠. 나 지금 ○○모텔 △△△호야. 내가 항상 시키던 거 알지? 두 개 부탁해."

음식 주문을 엉뚱하게 112로 한 것이라 생각되는 전화였다. 하지만 접수 경력이 10년 가까이 되었던 노련한 경위 분은 그리 넘기지 않았다. 신고자가 말한 장소로 경찰을 출동시켰다. '정확한 내용은 알 수 없지만 이 장소에서 무슨 일이 있는 듯하니 꼭 확인 후 종결하라'고 시스템에 기재하였다. 이 사건 또한 검거 보고가 올라왔다. 토요일 밤 주점에서 같이 술을 마신 남녀가 숙박업소로 향했다. 하지만 그 안에서 다툼이 발생했고 여성이 방을 나가려 하자 남성이 못 나가게 막은 것이었다. 그 과정에서 폭행도 있었다. 이 또한 접수경찰관의 순간적인 재치와 판단이 빛난 사례였다.

상황실이 방송으로

그날은 금요일 야간 상황근무였다. 근무 교대를 마친 직후 홍보계장에게 전화가 왔다. 밤 7시 40분경이었다. 드라마 작가 한 분이 상황실로 갈 건데 실제 상황실의 움직임을 보고 싶어 하시니 잘 보여드렸으면 좋겠다는 내용이었다. 사실 경찰관들 입장에서는 일반 시민이 내가 일하는 장소에 들어와 적나라하게 그 모습을 보면 부담스럽다. 하지만 경찰의 일상을 알고 어려운 현실에서 열심히 일하는 경찰의 모습을 새로 제작할 드라마에 담아낸다면 좋은 일이겠다 싶었다. 흔쾌히 수락했다.

작가 한 분이 올라오셨는데 긴 머리에 안경을 쓴 여성분이었다. 사실 경찰 관련한 드라마이니 남자 작가일 거라고 생각했다. 나의 머릿속에

고정적인 성역할 관념이 있었던 모양이다. 난 마음속으로 스스로를 책망한 뒤 가장 궁금한 드라마 제목부터 물어봤다. 그 분은 아직 정해진 제목이 없다고 하였다. 상황실 경찰을 모델로 한 대본을 구상하는 수준일 뿐이라고 하였다. 여하튼 실상을 알러 오셨으니 다양한 신고상황에 바쁘게 대처하는 경찰 상황실의 모습을 보여주고 싶었다. 그런데 금요일 밤은 신고가 많은 대표적인 날임에도 그날따라 신고가 이상하게 많지 않았다. 상황실의 대응력을 보여줄 광역 이동성 범죄나 강력 범죄 신고 또한 들어오지 않았다. 당연히 관내 치안 상황이 조용하면 좋은 일이나 한편으로는 아쉽기도 했다.

'이게 일상적인 모습이라고 알면 안 되는데.'

폭력과 교통사고 위주의 상황 관리가 이루어졌다. 10시 30분쯤 되자 작가 분은 자리를 털고 일어섰다.

"오늘 부담스러우셨을 텐데 도와주셔서 감사합니다."

"글 쓰시는 데 도움이 못된 것 같네요."

"아니에요. 그래도 도움 되었어요. 감사합니다."

그분은 예의를 갖춰 감사하다고 하였다. 하지만 금요일 밤 기대한 현실을 보지 못한 아쉬움이 분명 컸을 터였다. 참 이상한 건 그분이 떠나고 얼마 지나지 않아 11시부터 우리 상황실은 불난 듯 바쁘게 움직여야 했다. 금요일 밤답게 신고는 폭증했다. 음주운전 차량의 질주 같은 이동성 범죄들도 이어졌다.

여하튼 그 작가 분은 이후 서울이나 다른 경찰청에 협조를 얻어 상황실을 보러 가셨을 것이다. 그냥 포기하실 분 같지는 않았기 때문이다. 그 작가 분이 우리청 상황실을 보고 간 지 10개월 쯤 뒤인 것으로 생각된다. 한 방송사에서 112 골든타임팀이라는 부서를 설정하고 청력이 발달한 여성 경감을 센터장으로 등장시키는 드라마를 방영한다는 기사가 나왔다. 그 작가분이 결국 만들어냈구나, 대단하다 싶었다. 이후 그 드라마는 인기를 끌면서 시즌제로 지속되었다.

때는 바야흐로 여름이었다. 한 방송사의 PD분께서 내게 제의를 하셨다. 그가 맡은 프로그램은 매주 다른 사회적 의제를 가지고 입담 좀 있다는 패널들과 전문가들이 모여 하나의 의안을 발의한다는 콘셉트를 갖고 있었다. 7월말 여름 휴가철에 맞춰 '범죄로부터 나를 지키는 법'이라는 주제로 방영이 예정되어 있었다. 경찰 상황팀장인 내가 112 상황실의 실상, 국민들이 112로 어떻게 신고하면 좋은지 등을 설명해주었으면 좋겠다는 제의였다. 촬영팀이 우리 상황실로 나와 내 이야기뿐만 아니라 상황실 경찰들의 근무 모습을 담겠다고 하였다. 상황실 경찰들이 실제로 예측할 수 없는 돌발 상황에 기민하게 판단하고 대처하는 모습을 보여준다면 국민들이 잘 알지 못하는 경찰 상황실의 직무상 노고와 어려움을 홍보하는 데 큰 도움이 될 것 같았다.

그 PD분은 내가 초임 경위 시절인 2000년대 중반 해외에서 일주일간

고생 아닌 고생을 같이 한 적이 있다. 나는 청소년위원회라는 국가기관에 파견을 나간 도중 선행을 한 청소년들 일행을 이끌고 해외 탐방 인솔을 가게 되었다. 그들은 지하철 방화시도자를 잡은 소년들, 지하철 선로에 떨어진 아이를 구한 소년, 도전 골든벨의 우수입상자들 등 20명 가까이 되었다. 인적 구성상 별로 고생스럽지 않겠구나 했는데 오판이었다. 해외에서 예상치 못한 돌발행동을 하는 소수의 소년들 때문에 나는 일주일 내내 신경이 곤두서 있었다. 한편 그 PD분 또한 당시에는 신참으로 혼자 우리 일행을 따라왔다. 엄청난 무게의 방송장비를 짊어지고 소년들의 탐방 모습을 매일같이 담느라 고생하고 있었다. 둘은 청소년들이 잠든 밤 작은 숙소 방에서 컵라면에 술 한 잔 기울이며 서로 위로하고 다음날을 기약했었다. 그 인연으로 쭉 알고 지낸 PD분은 약 15년 뒤 CP(Chief Producer)로서 담당 프로그램에서 범죄 관련 주제를 다루게 되자 나를 떠올린 것이었다.

지휘부에게 방송 예상 보고를 하였다. 인천경찰청 부장(경무관)은 흔쾌히 수락하였으나 청장은 우려를 나타냈다. '방송사에서 우리에게 이야기한 방송의도와 실제 편집을 거쳐 나간 방송은 다른 경우가 많다.', 즉 좋은 의도로 찍는다고 하지만 비난성으로 방송될 수도 있음을 우려한 것이었다. 나는 자신 있게 대답했다. 그럴 일 없을 것이라고. 내심 그 PD분에 대한 신뢰가 있었기 때문이다. 청장은 내가 확고하게 대답하자 '그럼 잘 찍어보라.'며 승인해주었다.

우리팀 야간 근무일에 맞춰 촬영을 협의했는데 수요일 밤으로 잡혔다. 평일이라 상대적으로 신고는 적지만 계절상으로는 가장 신고가 많다는 여름철 7월이었다. 밤 7시 부터 촬영팀이 따라다녔다. 우선 내가 MC 분과 2시간가량 112 신고 체계, 그리고 신고 방법에 대한 인터뷰를 하였다. 이후 촬영팀은 상황실을 돌아다니며 우리 상황팀원 중 일부를 인터뷰하였다. 간간이 걸려오는 긴급신고 접수 시에는 바로 카메라를 들이대며 영상을 확보해나갔다. 상황팀 경찰관들은 처음엔 카메라를 어색해했다. 하지만 시간이 지나며 능숙하게 접수와 지령을 해나가는 프로다운 모습을 보였다. 촬영은 10시 30분까지 계속되었다. 이후 촬영팀과 우리 상황팀은 서로 감사를 표시하며 작별인사를 나눴다.

2주 뒤 방송을 통해 상황실의 모습을 확인할 수 있었다. 약 8분가량 되는 짧지 않은 분량이 전파를 탔다. TV에 비친 상황실 경찰관들은 참으로 의연했다. 언제 들어올지 모르는 다양한 신고들을 적절히 접수하고 코드를 분류해 하달하였다. 코드 0건에는 긴급히 상황을 전파하고 상황을 분석하는 모습들이 믿음직하게 담겼다. 방송 직후 나는 경찰의 노고를 잘 담아내 준 PD분에게 다시 한 번 감사 인사를 전했다.

오늘부터 편의점 강도는 없다

때는 2009년 여름으로 접어들고 있었다. 경찰서장은 5월 한 달간 관내 여러 곳의 편의점에서 터진 강도 사건으로 골머리를 앓고 있었다. 우리 경찰서만의 문제가 아니라 다른 경찰서에서도 사정은 비슷했다. 편의점은 상점 중 거의 유일하게 심야 시간까지 문이 열려 있다. 게다가 한 명 혼자서 근무하는 경우가 대부분이어서 돈을 강취하기가 수월했다. 각 경찰서들이 모두 편의점 강도 예방을 중점 추진 사항으로 정하고 관내 지구대와 파출소에 편의점 순찰을 강화하도록 지시했다. 그럼에도 효과는 쉽게 나타나지 않고 있었다. 지구대·파출소는 112 신고가 들어오면 신고 처리를 위해 그 현장으로 가야 한다. 그리고 도심 지역의 야간은 112

신고가 계속 꼬리를 물고 있어 편의점 순찰을 위한 시간을 따로 내기가 쉽지 않다. 편의점주들에게도 자체적으로 방범 강화 조치를 취해 달라고 부탁했지만 돈을 들여 시설을 개선하는 경우는 거의 없었다. 보험금으로 피해금을 충당할 수 있다는 이유에서였다. 경찰서장은 그냥 순찰 강화 지시만을 반복한다고 문제가 해결되지는 않을 것이라 보았다. 그는 특단의 조치를 취하기로 결정했다.

6월 1일부로 관내 모든 편의점 앞에는 지구대·파출소 순찰차, 그리고 형사기동대 차량과 교통순찰차까지 동원해 배치되었다. 보통 지구대·파출소 순찰차는 관내를 돌다가 신고가 들어오면 현장으로 이동한다. 형사기동대 차량과 교통순찰차도 강력 범죄나 교통사고 우려지역에 배치하다 사건 사고가 터지면 현장 출동한다. 이게 기본적인 패러다임인데 경찰서장은 이를 바꾸었다. 심야시간에는 항상 편의점 앞에 대기하다가 신고가 들어오면 편의점을 잠시 떠나는 형태로 근무 지시를 내린 것이다. 명시적인 근무 지시가 하달되니 현장 경찰관들이 자동적으로 편의점 거점 근무를 서게 되었다. 어느 편의점을 가도 경찰관들이 보이게 되었다. 아울러 이전에 발생한 편의점 강도 사건은 형사과에서 수사하여 족족 잡아들였다. 범죄를 하고자 마음먹었던 사람들, 잠재적 범죄자의 범죄 의도를 꺾어놓고 있었다.

그리고 서장은 나를 6월 1일자로 생활안전계 외근 감독관으로 발령 내었다. 5월 말일자로 내가 지휘하던 의경 중대가 전국적인 의경 감축 조치의 일환으로 해체된 직후였다. 그래서 내 보직은 7월 중순의 정기 인사 때까지 한시적이었다. 보통 생활안전계 외근감독관은 관내 지구대·파출소를 돌며 근무 상황을 감독하는 역할을 한다. 나처럼 단기 인사 요인이 있을 때 잠시 보임하는 자리이기도 했다. 그런데 서장은 현장 경찰뿐만 아니라 내게도 평범하지 않은 직무 지시를 내렸다. 경감인 나와 2명의 경위를 같이 외근 감독관 발령을 내 3명을 1팀으로 만들었다. 그 분은 우리의 근무 시간에 대해 이렇게 말하였다.

"낮에 사무실 나오지 마. 외근 감독관은 심야에만 근무해. 낮에는 쉬어."

경찰서 내근 부서에 소속된 경찰관들의 근무는 주간 근무가 기본이다. 그리고 필요할 때에는 초과 근무를 하는 형태이다. 그런데 그는 기본인 주간 근무 자체를 면제시켰다. 대신 면제의 의미를 무겁게 강조했다.

"앞으로 한 건이라도 편의점 강도 발생하면 외근 감독관들 발령 각오해."

철저히 편의점 강도 특별근무 실태를 감독하란 의미였다. 그날부터 나는 우리 팀원들과 함께 심야 시간에 관내 편의점을 돌았다. 현장 경찰들이 편의점 앞에서 대기하지 않거나 신고처리 이후 돌아오지 않는 경우가 없도록 챙겨야 했다. 하지만 잠을 반납하고 심야 근무를 한 대가로 완전한 주간 휴식을 부여했기에 에너지를 쏟아붓는게 가능했다. 서장의 특별

근무를 위한 특별 지시는 놀라운 효과를 보여주었다. 소주 한잔 사 먹을 돈부터 유흥비 마련, 사회 불만까지 다양한 목적으로 범행을 저지르던 편의점 강도들이 일순간 자취를 감춘 것이다. 6월 한 달, 그리고 내가 정기 인사로 인해 다른 곳으로 이동한 7월 중순까지도 경찰서 관할에서 편의점 강도는 한 건도 일어나지 않았다.

6월 말쯤이었다. 나는 외근 감독관 팀장으로 아침 8시경 다른 당직팀 장들과 함께 서장실 상황 보고에 참석해야 했다. 심야 감독은 새벽 1시에 시작해 5시면 종료하였기에 3시간여의 공백이 있었다. 집에 돌아가면 깨지 못할 것 같아 사무실에 간이용 침대를 펴고 잠을 잤다. 그날은 피곤하여 다른 날보다 늦게 일어나게 되었다. 평상시에도 수염이 많은 나는 면도를 하지 못한 채로 보고에 들어갔다.

"황 계장 요새 밤새느라 고생이 많네. 수염도 덥수룩하고. 하하."

서장이 웃으며 말했다. 고생한 것에 대한 칭찬과 면도는 하고 들어왔으면 하는 내심이 담긴 중의적 언사였다. 그가 면도에 집착한 것이라면 이후의 내 직장 생활은 어딘가 모르게 어려움이 있었을 것이다. 하지만 전혀 그렇지 않았다. 그는 7월 정기인사철이 되자 인천경찰청장에게 나를 인사 추천하였고 나는 원하는 보직으로 이동할 수 있었다.

그 서장은 업무성과를 내는데 장애물이 있다면 규정이나 관례에 얽매이지 않고 그것을 제거했다. 그리고 선택과 집중에 의해 근무를 시키는 지휘관이었다. 편의점 앞에 대기하면 관내 다른 지역에 치안공백이 생기지 않느냐는 우려, 주간 근무가 원칙인 자들을 주간 근무 면제시키는 것은 문제 소지가 있다는 우려는 분명 존재했다. 하지만 그의 의지 앞에는 전혀 문제되지 않았다. 적은 돈이라도 벌겠다며 편의점에서 홀로 아르바이트를 하는 젊은이들을 위협하고, 본인의 작은 욕망을 채우는 강도범들을 없애겠다는 의지였다. 그의 명쾌한 지휘 철학을 그때도 지금도 존경한다.

이젠 시대가 바뀌어 경찰 인력의 집중적인 투입만으로 치안 위해 요소를 제거하는 것은 장려되지 않는다. 이런 방식은 단기적으로 특정한 범죄 현상을 근절하기에는 효과적이지만 장기적으로 지속할 수는 없다. 그런데 시대 흐름에 따른 효과적이고 첨단화된 범죄 예방 대책은 가능한 전국적으로 일관되게 이루어져야 효과가 있다. 한 경찰서 관할처럼 한정된 지역에서 독자적으로 시도할 것이 아니라 시도경찰청 전역으로, 나아가서는 전국적으로 말이다. 사실 경찰서장의 특별대책으로 인해 우리 관할은 편의점 강도 제로(zero)를 기록했지만 우리 관할 인근 경찰서는 오히려 더 늘어났다. 범죄자들이 관할 경계를 명확히 알지는 못한다. 하지만 경찰관들이 눈에 불을 켜고 살피는 편의점에서 조금만 이동해보면 경찰관들의 관심이 허술해 보이는 편의점이 눈에 띄니 그곳에 가서 범행을 했을 것이다. 다른 경찰서 관할의 편의점 말이다. 일부 범죄자들은 우리 관할에서 범죄기도를 꺾고 귀가한 것이 아니라 다른 관할로 넘어가 범죄 의도를 실현시켰다는 이야기이다. 이것을 학문적으로는 '범죄 전이 효과 (crime displacement effect)'라 부른다. [24] 범죄가 단순히 옆으로 넘어가 발생할 수 있는 수준을 벗어나려면 보다 광범위한 지역에서 우범지역을 중심으로 일관된 범죄 예방 정책을 펼쳐야 한다. 그래서 정책의 효과가 확산될 수 있도록 해야 한다. 그래야 해당 지역의 범죄자뿐만 아니라 인근 지역의 범죄자들도 심리적으로 위축된다. 그리고 우범지역 외 일반지역도 범죄가 감소한다. 이를 '범죄통제이익의 확산 효과(diffusion effect of crime control benefit)'라 부른다.

그리고 최근 치안의 화두는 시민과의 협력, 시민의 도움을 끌어내는 경찰활동이다. 편의점의 경우 밖에서 안을 보면 그 안에서 무슨 일이 벌어지는지 알기 어렵다. 편의점 외부 유리창에 너무 많은 홍보물들이 붙어 있기 때문이다. 내가 범죄를 기도하고 있는데 편의점을 보니 밖에 지나다니는 사람이 안을 볼 수 없다고 판단된다. 그러면 그는 좀더 범죄성공 가능성을 높게 보고 수월하게 범행에 나아간다. 환경 자체를 범죄 친화적이지 않도록 개선을 해주는 '환경설계를 통한 범죄예방(CPTED : Crime Prevention Through Environmental Design)'의 기본원리 중 하나가 '자연적 감시'이다. 시민인 내가 편의점 안에서 강도가 일어나는지 안 일어나는지 확인하려고 그 안을 보는 경우는 없다. 하지만 길을 지나

다니며 주변 건물과 사물들이 보이는 것은 자연스러운 일이다. 이 때 편의점 안이 잘 보이도록 환경이 개선된다면 그 안에서 겁에 질려 있는 아르바이트 점원을 볼 수 있게 된다. 그는 신고하여 경찰출동을 요청할 것이다. 그리고 편의점주분들께서는 무분별하게 붙은 홍보물들을 제거해서 선량한 시민들의 자연적 감시가 가능한 환경을 만들어주셨으면 좋겠다.

100명 패싸움을 막아라

수요일 아침 인천경찰청 아동청소년계 사무실에 한 통의 전화가 울렸다. 아동청소년계는 이름에서 알 수 있듯이 보호하고자 하는 주요 대상이 아동과 청소년이다. 경찰 부서이니만큼 범죄로부터의 보호가 핵심이고 이를 위해 학교폭력을 예방하는 업무가 가장 중요한 업무였다.

전화는 경기남부경찰청 아동청소년계에서 온 것이었다. 우리 경찰청 학교폭력 담당자가 전화를 받더니 상기된 얼굴로 내게 왔다.

"계장님, 시흥 아이들하고 우리 아이들하고 토요일에 싸우기로 했다는데요."

"경기남부청에서 정보를 입수했나 보네요. 어디서? 얼마나요?"

"장소는 우리 관내 ○○역 아니면 △△역 근처라 하구요. 그런데 애들이… 100명 넘는다는데요."

"100명이요?"

순간 2가지 생각이 머리를 스쳤다.

작게 하나, '이번 토요일에는 쉬기 글렀다.',

크게 둘째, '이 싸움 못 막으면 자리 내놓아야 할지 모른다.'

일단 경기남부경찰청이 가지고 있는 정보를 최대한 공유받았다. 그리고 인천에서 이 싸움에 참여할 것으로 정보 입수된 30여 명의 학생들 학교를 모두 파악했다. 그 학교를 담당하는 학교전담경찰관(SPO: School Police Officer)들에게 급하게 학생들 정보를 알렸다. 학생들을 1:1로 직접 접촉하고 해당 학교에 알려 경찰이 사전 정보를 입수했다는 사인(sign)을 주고자 했다. 학교 생활담당 교사분들의 도움도 얻고자 했다.

한편 사안 보고를 받은 인천경찰청 부장(경무관)은 해당 경찰서 여성청소년 수사팀에 바로 수사 착수를 지시했다. 수사를 통해 진실을 밝힘은 물론 수사에 돌입했다는 사실이 학생들 사이에 바로 공유되도록 하여 집단 패싸움을 사전에 와해시키려는 목적이었다.

학교전담경찰관들이 싸움에 참여할 것으로 파악된 학생들을 접촉하면서 그 수는 더 늘어났다. 면담 과정에서 학생들이 "○○○도 갈 건데요." 이런 식으로 알려준 덕이었다. 이를 통해 인천 측에서만 50명 가까이로 예상 수가 불어났다. 한편 경찰서 여성청소년 수사팀은 싸움이 예정된

날로부터 2주일 전 하나의 작은 싸움이 양측 학생들 사이에 있었음을 파악했다. 그리고 그 학생들부터 소환하기 시작했다. 인천 측 학생 한 명과 시흥 측 학생 한 명이 SNS 상으로 언쟁이 붙었고 실제 싸우자는 도발에 응하면서 그 주 토요일 인천의 한 공원에서 싸움이 있었던 것이다. 결과적으로 인천 측 학생은 2명, 경기도 시흥 측 학생은 6명이 사건에 관련되었다. 수사가 계속되며 새로운 사실들이 나왔다. 1차 싸움에서 사실상 패한 인천 측 학생들이 일주일 뒤 토요일에 2차 싸움을 하자고 제안하였다. 이번에는 시흥이 홈그라운드가 되었다. 이 때 양측이 수적 우위를 점하기 위해 상당수의 학생들을 불렀고 양측 합쳐 100명이 훨씬 넘는 인원이 모이게 되었다. 30여 명의 동원에 그친 인천 측 학생들이 열세를 감지하고 먼저 해산해 실제 싸움은 커지지 못했던 것으로 파악되었다.

경찰의 압박조치가 수요일, 목요일 계속되며 학생들은 주춤하기 시작했다. 이미 경찰이 움직였다는 소문은 퍼졌다. 학생들 사이에서 3차 패싸움이 어려울 것이란 판단이 선 것으로 보인다는 학교전담경찰관들의 보고가 올라왔다. 그런데 목요일 밤 우리 경찰청 부장이 내 휴대폰으로 메시지를 보냈다.

'인천 측 주동 학생이 SNS에 토요일 싸움 취소 글 올리도록 할 것.'

분위기상 승기를 잡았다고 생각했지만 부장은 학생들 사이에 확실한 공지를 남겨 쐐기를 박고자 하였다. 타당해 보였다. 나는 주동 학생의 학교를 담당하고 있는 학교전담경찰관의 협조를 얻어 그날 밤 그 학생이

SNS에 취소 글을 올리도록 하는데 성공했다.

　그래도 학생들이 이를 역이용하여 은밀하게 재집결할 수도 있으니 마지막까지 방심의 끈을 놓지 않았다. 금요일 나는 경비계에 협조를 구해 기동대 병력을 확보했고 토요일 아침 2개 역 주변에 비상 대기하도록 했다. 그리고 관할 경찰서 여성청소년 수사팀과 강력 당직팀 직원들 또한 그 주변에서 이상 동향을 관찰해달라고 요청하였다. 나는 아침부터 2개 역 주변을 돌며 동향을 살폈는데 다행히 학생들의 패싸움 기도는 없었다. 3차의 100명 패싸움, 현실화되었다면 정말 큰 싸움이 될 뻔했다. 싸움 전 정보를 입수해준 시흥경찰서 학교전담경찰관, 그리고 그 정보를 바로 공유해 문제를 막고자 했던 경기남부경찰청 아동청소년계, 인천 학생들의 싸움 의지 자체를 차단하기 위해 빠르게 움직여준 인천지역의 학교전담경찰관과 여성청소년 수사팀 경찰관 모두의 협조가 빛을 발한 순간이었다. 2개 광역시도의 경계를 넘나드는 사건임에도 기민하게 협업을 할 수 있었다. 경찰이 한 몸과 같이 사건에 대응하는 역량을 갖추고 있음을 보여주는 사례였다.

뉴욕의 쌍둥이 빌딩이… 영화야?

2001년은 내가 경찰로서 첫 발을 내디딘 해였다. 첫 부임지는 인천공항 경찰단에 배속된 전경대의 소대장이었다. 우리 부대는 인천공항 청사경비를 주임무로 하고 있었다. 당시에는 하루 24시간 당직, 다음날 하루 24시간 비번으로 돌아가는 근무 체계였고 그날은 비번일이었다. 오랜만에 서울에서 대학 친구들을 만났는데 밤 11시쯤 된 시각 거리의 TV에 하나의 영상이 송출되고 있었다. 뉴욕에 있는 쌍둥이 빌딩, 110층짜리 세계무역센터를 향해 비행기가 돌진하는 모습이었다. 이내 건물 상층부에서 붉은 화염이 타올랐다. 처음 그것을 보았을 때는 영화 광고 영상쯤 되는 줄 알았다. 실제처럼 찍었다고 생각한 순간도 잠시, 아래 자막을 읽고는 정말 실제 영상임을 알게 되었다. 뉴욕 현지는 9월 11일 아침 9시쯤 된 시각이었다.

　대학 친구들 또한 나처럼 전경대 또는 기동대 소대장을 하였던 시기이다. 서로 얼굴을 쳐다보며 지하철역으로 방향을 틀었다. 사실 '술 한잔만 더 할까'를 놓고 서로 의견이 갈린 채 거리에 서 있었지만 그럴 상황이 아님을 깨달은 것이다. 아니나 다를까 헤어지고 얼마 지나지 않아 인천으로 돌아가던 내 핸드폰으로 전화가 들어왔다.

　"소대장님. 지금 부대로 복귀하셔야 되겠습니다. 미국에서…"

　그날 밤 나를 비롯한 전경대 경찰관들은 모두 부대로 복귀했다. 머나먼 지구 반대편에서 일어난 테러라고 무시할 수 있는 사람은 아무도 없었다. 이미 이슬람 극단주의 테러 단체의 위협이 미국 외 다른 우방 국가까지 뻗칠 수 있다는 우려는 일반적이었다. 당연히 그에 대비해야 했다. 한국시각으로는 9월 11일 밤에서 9월 12일 새벽으로 넘어가고 있었지만 경찰청에서는 이미 국가중요시설에 대한 경비 강화 공문을 생산해 전파했다. 경찰청 감찰은 공항고속도로를 타고 영종도에 들어와 경찰관들의 근무지 복귀와 부대의 준비태세를 점검하고 있었다. 대한민국의 관문을 지키는 인천공항경찰단은 부랴부랴 동원할 수 있는 경찰력들을 모아 공항 이곳저곳에 배치하기 시작했다. 우리 부대원들은 그날부로 근무복이 아닌 기동복을 입고 소총을 소지한 채 공항 여객터미널 순찰 근무에 투입되었다. 평상시에는 공항을 다니는 일반 시민들에게 괜한 공포심 또는 불안감을 심어줄 수 있다는 우려 때문에 근무복을 입고 무장은 하지 않앉았다. 공항 여객터미널 1층 출국장과 3층 입국장을 나서면 바로 보이는 외부 도로에는 특공대의 장갑차가 배치되었다. 특공대 장갑차가 시민들이 쉽게 볼 수 있는 생활 현장에 상시 투입된 것은 매우 이례적인 일이었다. 하지만 당시 상황은 그런 대비 또한 이상하지 않았다.

2001년은 인천공항이 김포공항을 대신해 대한민국의 중추공항으로 출범한 직후였다. 그런 시기에 미국 본토의 중심부에서 터진 테러는 대한민국 출입국의 최대관문인 인천공항의 안전 확보를 시험대에 올려 놓은 셈이었다. 인천공항경찰단은 청사 내 폭탄 설치 등 각종 테러 상황에 대비한 훈련을 자주 실시하게 되었다. 그 훈련의 중요 주체 중 하나는 인천공항경찰 타격대였다. 타격대는 인천공항 경비를 담당하는 2개의 전경대가 1개월씩 돌아가며 임무를 맡았다. 우리 전경대가 하는 달에는 4일에 한 번씩 내가 타격대원 10명을 이끌고 타격대장 임무를 하였다. 당시 하나였던 인천공항 여객터미널은 교통센터 건물과 지하를 통해 연결되어 있었고 타격대는 교통센터 지하 1층의 빈 사무실에 대기하고 있었다.

9. 11 테러 이후 공항 테러에 대비한 모의 훈련은 거의 매일 불시에 어김없이 이루어졌다. 무전으로 출동 메시지가 떨어지면 훈련 장소로 자주 지목된 공항의 동·서편 귀빈주차장까지 테러 대응 장비를 갖추고 열심히 달렸던 기억이 생생하다. 당시 공항경찰단 경비과장은 5분 이내 출동을 요구했다. 교통센터 지하 1층 대기 장소에서 터미널 1층 외곽의 귀빈

주차장까지의 실제 이동거리는 거의 1km에 달했다. 현실적으로 대기하던 중 메시지를 받고 시간 내에 도착하려면 미리 출동 준비가 되어 있어야 했다. 테러 직후에는 나를 비롯한 모든 타격대원들이 화장실을 다녀오면 바로 대기 장소로 복귀하였다. 담배를 피우는 대원들도 소위 담배의 맛을 느낄 수 있을 정도만의 시간을 허용해주었다. 그리고 출동 준비 시간을 줄이기 위해 평상시에도 기본적인 장비는 착용한 채로 휴식과 식사를 하였다. 훈련이 계속되면서 타격대의 출동 시간은 짧아졌고 5분 내 출동은 어렵지 않게 달성하였다. 이후 타격대의 훈련 초점은 출동 이후의 정교한 초동조치로 옮겨갔다. 최초 훈련은 귀빈 주차장에 설치된 폭발물 처리에 집중했었다. 그러던 것이 시간이 지나며 여객 청사 안 특정 장소에서의 백색 가루 처리로 바뀌어갔다. 백색 가루는 '탄저균'을 가정한 것으로 다중 이용 장소에 화생방 테러가 발생할 경우를 대비한 시나리오였다. 청사 안의 장소는 귀빈 주차장에 비해 출동 거리가 가까워 시간 내 도착은 용이했다. 반면 지나다니는 시민들이 많아 초동조치를 잘해야 했다. 타격대는 출동과 동시에 모의 폭발물이나 백색 가루가 뿌려진 장소 주변에 폴리스 라인을 설치했다. 그리고 일부 대원은 시민들이 폴리스 라인 안으로 들어오지 못하도록 전방에서 시민들의 협조를 구했다. 이 임무는 공항공사 테러 대응팀 또는 경찰특공대의 폭발물 처리반이나 생화학물질 처리반이 현장에 도착해 테러 의심 물질을 제거할 때까지 행해졌다.

국가적 행사는 경찰이 있어 안전하다

경찰을 비롯한 공적 자원들이 경비를 담당하는 것을 공(公)경비라 한다. 이와 대비되어 민간 경비업체 등 사적 자원들이 경비를 담당하는 것은 민간경비라고 한다. 공경비의 제한된 인력으로는 폭발적으로 늘어나는 치안 수요에 대비할 수 없었다. 그래서 이를 대체할 민간경비 영역이 생겨났고 꾸준히 몸집을 키워왔다. 행사의 경우도 마찬가지여서 이전에는 가수가 콘서트를 하면 경찰이 행사장 경비를 도맡아했다. 그러나 21세기 들어 명확한 수익성 행사는 수익을 얻는 사람이 주체적으로 경비를 하는 문화가 정착되어왔다. 소위 '수익자 부담 원칙'에 따른 것이었다. 실무적으로는 행사를 주최하는 측에서 민간경비 업체와 계약을 맺고 금전을 지급하는 형태, 행사장 경비를 위해 경비업체에 소속된 인력을 공급받는 형태를 주로 취했다.

하지만 행사 주최측이 수익의 크기에만 관심을 가져 낮은 금액에 계약을 맺을 경우 인력이 터무니 없이 적게 배치되기도 했다. 또한 실제 행사 진행과 무관해 보인다는 이유로 이들을 사실상 감독하지 않는 상황도 연출되었다. 그러다 보니 경비가 필요한 장소에 경비 인력이 아예 보이지 않기도 했다. 경비가 필요 없는 지역에서 경비 인력들이 의미 없이 서 있는 모습들도 심심찮게 나타났다. 사실 대다수의 행사에서는 국민들 스스로 체득한 질서의식으로 혼잡한 상황들을 잘 헤쳐나갔다. 그러나 행사의 성공적 진행여부가 국가의 신뢰도와 직결될 수 있는 국가적 행사는 그러한 위험을 감수할 수 없다. 세계 각국의 정상들이 모이는 정상 회의, 세계 최고의 선수들이 기량을 겨루는 국제 경기 대회 등이 대표적이다. 그러기에 국가적 행사는 수익자 부담원칙에 따른 민간경비 주도의 경비 대상에서 배제했다. 경찰 등 공경비가 주도하도록 하였고 지금도 그렇다.

2014년 가을 인천에서는 제17회 아시아 경기대회가 열렸다. 우리가 흔히 '아시안게임'이라고 부르는 바로 그 대회다. 총 36개 종목이 인천광역시 전역에서 치러졌는데 그중 가장 인기가 높고 주목받았던 종목은 단연 축구였다. 인천경찰청에서는 각 경기장마다 한 명씩의 경찰서 과장들을 부책관으로 지정하여 행사장 경비의 책임을 지웠다. 내가 근무하던 경찰서 관할에 마침 문학경기장이 있었다. 그곳에서는 축구와 야구, 수영 경기가 진행될 예정이었다. 경찰서장은 참모회의 중 세 경기장의 부책관을 지정하고자 했다. 문제는 축구장이었다. 경찰서장이 축구장의 부책관 희망을 받자 과장들이 모두 서장과의 눈맞춤 자체를 피했다. 경찰서의 모든 과장들에게 축구경기장은 부담스러운 곳이었다. 결국 서장은 가장 젊었던 내게 그 곳을 맡겼다. 비록 등떠밀려 맡기는 했지만 역사적인 아시안게임에서 가장 주목받는 경기장의 경비를 책임진다는 사실은 의욕을 불러 일으키기도 했다.

우리 경찰서에서 경감 이하 4명의 경찰관이 매 경기 나와 같이 축구장 지휘본부(CP: Command Post)에서 근무했다. 경기 전마다 2개 중대의 경찰도 받아 통솔했다. 그 중 1개 중대는 경찰관 기동대가 왔는데 의경 기동대에 비해 주체성과 판단력이 좋아 큰 힘이 되었다. 나는 그 날의 경기 상황을 보아 적절한 장소에 경찰력을 배치했다. 그리고 특이한 상황이 발생하는지 여부를 주시했다. 사실 축구 예선전 중 동아시아권 국가가 출전하지 않는 경기는 관객들이 100명 이하인 경우가 대부분이었다. 경찰이 경기장에 더 많았고, 이런 경기는 나도 마음 편히(?) 경기를 보며 경비 근무를 할 수 있었다. 하지만 토너먼트가 시작되며 내 마음도 긴장되기 시작했다. 관중은 많아졌고 시도경찰청 지휘부들도 나와 대비 상황을 점검하는 경우가 부쩍 늘었다. 부책관인 나는 경기가 마치는 시간까지 그라운드와 관중석을 번갈아 예의주시하며 돌발적인 범죄 행위나 소란이 없는지 살폈다.

보통 가장 긴장되는 경기는 관중이 많이 몰리는 경기이지만 이때는 좀 달랐다. 관중이 가장 많은 한국 대표팀 출전 경기는 둘째였다. 그러면 첫째는? 북한 대표팀이 나오는 경기였다. 당시 대회에 북한이 참가하며 해빙무드가 일었지만 경찰 입장에서는 보안과 외교상의 문제가 특히 발생하지 않도록 해야 했다. 북한 선수단이 숙소를 나와 경기를 마치고 돌아갈 때까지 예민하게 촉각을 기울였다. 그 때문에 솔직히 북한 축구팀이 토너먼트에서 일찍 탈락해 경기장에 최대한 오지 않았으면 했다. 하지만 나의 바람과는 정반대로 북한 남자 축구팀은 올라갈 수 있는 제일 마지막 경기, 결승까지 올라왔다. 그리고 최종 상대는 한국 대표팀이었다. 축구 경기장 부책관으로서는 가장 부담스러운 매치업이 성사된 것이었다. 역시나 표는 매진되었고 5만 명 가까이 수용 가능한 관중석은 꽉 들어찼다. 북한 경기에다가 상대가 우리나라였기에 외교적 문제로 비화될 수 있는 작은 소동 하나 또한 용납될 수 없었다.

경기의 중요성을 감안해 4개 경찰 중대를 인계받은 나는 관중석의 출입구 근처 그리고 관중석과 그라운드 경계지점을 중심으로 그들을 배치했다. 그리고 관중석 사이사이에도 2인 1조 개념으로 경찰을 배치해 돌발 상황에 바로 대처할 수 있도록 하였다. 시도경찰청장을 비롯한 지휘부 십수 명은 몇 시간 전부터 축구 경기장에 와 대비 상황을 점검했다. 지휘본부 앞자리는 이미 그들이 자리를 잡아 그곳에서는 경기장 상황을 직관할 수 없었다. 나는 지휘본부를 나와 관중석 여기저기를 돌며 불안 요소가 없는지 체크했다. 특히 북한 측 관중석과 일반 관중석의 경계지점 쪽에는 안보과 경찰관들이 다수 배치되어 대비하고 있었지만 나 또한 특이동향이 없는지 주의깊게 살펴보았다. 그날따라 경기시간이 꽤나 느리게 흘러가는 느낌이었다. 하늘은 이왕 하는 고생 더 하라며 전후반 90분에 연장 30분까지 얹어주었다. '아. 승부차기까지 가나보다.' 하던 연장 후반 인저리타임 한국 대표팀의 극적인 골이 터지며 경기장은 일대를 잡아먹을 듯한 환호성에 휩싸였다. 경기가 끝나겠구나 감이 오면서도 순간 양측 관중 사이의 돌발 상황은 없나 긴장했다. 다행히 성숙한 우리 국민들은 득점 순간의 쾌감을 순수하게 즐길 줄 알았다. 이미 교육받고 왔을 북한 응원단 또한 차분함을 유지했다. 밤늦게 경기가 끝나고 모두 경기장을 떠난 후 나는 아시안게임 기간 내내 같이 고생해준 4명의 축구장 지휘본부 경찰관들과 오랜만에 편안한 얼굴로 경찰서에 돌아왔다. 사실 그들도 나처럼 각 부서에서 원하지 않게 밀려 축구 경기장으로 차출되었다. 또 예상보다 어려운 매치업들 속에서 근무했기에 더 각별했던 것 같다. 아시안게임을 마치고 그들과 술 한잔 같이 하며 풀었던 회포가 지금도 생각난다.

이건 여담이다. 시도경찰청장 등 지휘부는 여러 차례 축구 경기장을 방문했다. 지휘본부에서 상황을 유지하는 나와 우리팀에게 격려금도 수

여하였다. 하지만 의례적이었다. 다만 한 분의 시도경찰청 과장(총경)께서 수고 많다고 격려하고 이것저것 물어보셨다. 경찰관들의 근무 애로에도 관심을 보이셨다. 나는 그분과 학연(學緣), 지연(地緣)은 물론 이전에 같이 근무한 소위 근무연(勤務緣)도 없었다. 감사했다. 그리고 2년 뒤 그분이 본인 희망과 다르게 경찰서장에서 시도경찰청 과장으로 이동했음을 인사발령문으로 접했다. 며칠 뒤 경정급 팀장 한 명을 구한다는 소식을 듣고 바로 그분께 전화를 걸었다. '과장님 밑에서 일하고 싶다'고. 그런데 그 분의 첫마디는 놀라웠다.

"아. 아시안게임 축구장. 그 황 과장 맞지요?"

그분은 흔쾌히 나를 받아주었고 그렇게 나는 시도경찰청으로 자리를 옮겼다. 그는 작은 인연 하나도 소중히 생각할 줄 알았던 보기 드문 지휘관이었다. 그래서인지 경찰서장을 나갈 때마다 많은 과장들이 같이 일하기를 원해 경쟁이 치열했던 인기 지휘관이기도 하였다.

VI

나보다 어려운
사람을 지키는
경찰 현장

잃어버린 아이를 엄마 품 안으로

"교수님은 경찰 하실 때 가장 기억에 남는 일이 뭐였어요?"

고교생 대상으로 특강할 때 가장 많이 받은 질문이다. 면접장의 모범 질문 '왜 여기 들어오려고 하는가?'와 같이 지극히 예상 가능한 질문이기도 하다. 그래서인지 설마 묻지는 않겠지 생각도 했던 질문이다.

처음으로 그 질문을 받았을 때 바로 떠오른 한 순간이 있다. 한 어머니가 아이를 안고 우는 모습이다.

지구대에서 순찰팀장으로 근무할 때의 일이다. 순찰팀장은 근무 시간 중 국민의 안전에 위협이 예상되는 신고 사건은 순찰팀원과 함께 현장에 나간다. 그날은 야간 근무였고 밤 11시쯤 되었다. 상황실에서 우리 지구대에 실종 신고를 하달했다. 관내 한 빌라였는데 7세 아이가 집에 없다는 내용이었다. 밤 늦은 시간인데다가 아이는 7세 남아, 7세도 태어날 때부터 한 살을 먹는 우리나라식 셈법으로 말한 것이었으니 실제는 만 5세에 불과했다. 게다가 그 빌라 주변은 좁은 골목길이 많고 길도 구불구불한 전형적인 구 도심이었다. 어느 정도 경사가 있어 아이가 다니기에 좋지 않은 환경이기도 했다.

순간 느낌이 싸늘했다. '오늘 찾지 못하면 아이가 어떻게 될지 알 수 없다.' 나는 지구대 안에서 상황근무를 하는 경찰관에게 실종신고 현장으로 간다고 말하고 나섰다. 마침 지구대 사무실과 가까운 곳이어서 오래 걸리지 않았다. 이미 신고를 접수한 담당 순찰차의 우리 팀원 2명이 도착해 어머니로부터 정황을 듣고 있었다. 실종신고를 받고 나가면 기본적인 사항 몇 가지를 묻는다. 보호자에게 실종자가 언제까지 집에 있었으며 마지막으로 본 것은 언제인지, 평상시 가는 곳은 있는지, 주변 사람들과의 관계는 어떻게 되는지 등을 묻는다.

그런데 다섯 살짜리 아들이 없어진 어머니가 제대로 이런 것들을 설명할 수 있겠는가. 이미 눈물범벅이 된 어머니의 말씀은 분명 한국어인데 알아듣기가 쉽지 않았다. 팀원들은 그 와중에도 어렵사리 몇 가지를 알아냈다. 같이 자고 있었는데 아들이 현관을 열고 나간 것으로 추정되었다. 이전에도 이런 적은 있으나 금방 돌아왔다고 하였다. 어머니는 잠에서 깨어 아들이 없다는 것을 알았는데 시간이 지나도 오지 않자 신고를 하신 것이었다.

일단 범죄로 인한 실종은 아니었다. 그러나 아들이 나간 시간부터 명확치 않았다. 어머니가 자던 중에 나갔기 때문에 그 시간 중에는 모두 가능성이 있었다. 아들이 갔을 만한 곳 추정도 어려웠다. 친구가 있으면 친구 집에 가서 놀다가 자는 경우가 많은데 아직 그럴 나이는 아니었다. 어린 아이가 신용카드를 쓰고 다닐 것도 아니고 이 시간에 홀로 병원 진료 받을 것도 아니니 생활반응 수사를 할 효과도 없었다. 일단 집에는 CCTV가 없으니 집 주변 CCTV부터 보기로 했다. 상점에서 절도 예방 목적으로 CCTV를 설치하는 경우가 많아 그들에게 사정을 설명하고 협조를 구했다. 시민들은 '어서 찾아야죠.' 하면서 협조해주었고 영상을 볼 수 있었다. CCTV 몇 개의 영상을 보니 아이가 시간대별로 움직인 방향이 잡히기 시작했다. 다행히 아이가 나간 것은 어머니가 깬 시간으로부터 얼마 앞서지 않았다.

그런데 방향을 추적해보니 동네를 지나 큰길 쪽이었다. 동네에서 500m 정도 북측으로 가면 왕복 8차로의 큰길이 나왔다. 야간에는 차량 통행량이 많지 않아 차들이 쌩쌩 달리는 경향이 있었다. 그래서 과속으로 인한 교통 사망 사고가 많았다. 우리 지구대뿐만 아니라 경찰서 교통안전계에서도 자주 순찰차를 세워두고 단속을 하던 곳이었다. 위험 요소는 하나 더 있었으니 큰 길에서 동쪽으로 이동하면 산으로 올라갈 수 있는 길이 있었다. 산으로 가게 된다면 찾기도 어려울뿐더러 어린 아이가 스스로 자신의 체온을 유지할 수 있을까 하는 의문까지 들었다. 초가을이어서 동사(凍死)할 위험은 없었지만 CCTV 속 아이는 반팔 차림이었다.

나는 담당 순찰팀원 2명과 함께 순찰차에 탑승해 큰길 쪽으로 이동했다. 순찰차 뒷좌석에는 어머니도 타시도록 했다. 큰길 제일 우측 차선으로 천천히 다니면서 아이가 제발 눈에 띄기를 기다렸다. 이 도로는 유흥가와 떨어져 있어 밤에는 사람의 통행이 별로 없는데 이게 천우신조(天佑神助)였을까. 저 멀리 흰색 반팔 티를 입은 아이가 보이기 시작했다. 앞쪽에 앉은 팀원은 어머니를 보며 표정이 변하기를 기다렸고 다행히 그 기대는 어긋나지 않았다. 차를 세우고 어머니를 내려드리자(순찰차는 안에서 뒷문이 열리지 않는다) 달려나간 어머니는 아들을 안고 눈물을 흘렸다. 그리고 우리를 쳐다보며 연신 고맙다고 하셨다.

처음 집에서 전후 사정을 들었을 때의 울먹이는 목소리와 그 때문에 알아듣기 어려웠던 발음, 아들을 찾은 순간에도 여전했지만 고맙다는 말만은 분명했다. 대학을 다니면서 경찰을 꼭 해야겠다고 마음먹게 한 사명감과 봉사의 가치가 현실로 느껴진 순간이었다. 한편으로 그 몇 시간

동안 어머니가 얼마나 마음 졸였을지, 세 아이의 아버지가 된 지금은 그 심정이 너무도 크게 공감된다. 이후 그들의 소식은 들을 수 없었지만 경찰로서 그 당시만큼은 한 가정을 구했다고 생각한다.

학교폭력을 막는 어벤져스

학교폭력으로 인한 학생 자살이 크게 이슈화된 2012년 경찰청이 교육부와 협조하여 만든 보직이 학교전담경찰관이다. 인천경찰청에서 학교폭력 예방 업무를 담당하면서 이들의 활동을 자주 접했다. 전문적 영역을 담당하는 경찰관들답게 전문가로 거듭나기 위해 스스로 노력한 분들이 많았다. 그들의 열정을 추억해본다.

한 경찰서에 계셨던 경위 분은 지구대 관리팀에 근무할 당시부터 학교폭력 예방활동에 관심이 많았다. 여성청소년과 소속이 아님에도 불구하고 지구대 관할의 학교폭력을 없애보겠다며 '청소년이 바라는 지구대' 일

명 '청바지'라는 동아리를 결성했다. 관할 청소년들과 학교폭력 예방 캠페인을 하고 카카오톡 등 메신저를 통해 꾸준히 애로 사항을 듣고 이야기를 나눴다. 관리팀은 주간 근무자인데 그는 야간에도 청바지 메신저의 방장으로 청소년들과 항시 소통했다. 그 시간은 심야, 새벽을 가리지 않았다. 본인이 가진 철학과 사명 없이는 불가능한 일이었다. 그는 인천경찰청에서 '청소년 경찰학교'를 만들자 그 곳으로 지원해 갔다. 청소년들을 상대로 범죄 예방 교육, 학교폭력 예방 교육, 경찰 체험 등을 왕성하게 실시했다. 그리고 경찰서 학교전담경찰관으로 일하며 청소년들과의 다양한 소통 경험을 직무에 활용했다. 누가 시켜서 하는 게 아니라 본인이 원해서, 본인이 사명감을 느껴서 하는 게 느껴졌다. 그렇게 한 학교폭력 예방과 청소년 선도 활동은 그를 전문가로 거듭나게 했다. 결국 그는 경찰인재개발원 소년 분야 교수요원으로 선발되어 전국의 학교전담경찰관들에게 아낌없이 직무 지식과 노하우를 전수하고 있다. 또한 소년 문제 관련한 사회적 이슈가 있을 때마다 언론에서 자주 찾는 경찰관이 되었다.

한 경찰관은 관내 학교들을 돌아다니며 학교폭력 사안과 관련된 소위 문제 재학생들만을 면담하지 않고 그들을 통해 학교 밖으로 나간 '학교 밖 청소년'들에 관해 정보를 얻었다. 그리고 그들을 학교폭력과 소년 범죄의 영역에서 빠져나오게 하는 데 주력했다. 학교폭력이라 하면 피상적으로 '학교 안에서 일어나는 폭력'이라 생각하여 재학생들로 범위를 가둘 수 있는데 그는 그 우(愚)를 범하지 않고자 한 것이었다. 자퇴한 학생들이 삶의 목적을 잃고 방황하다가 가출팸을 결성하고 범죄 집단 흉내를 내는 경우가 많다. 외롭게 떠돌아다니며 다른 성인이나 소년들의 범죄에 이용되는 등의 사례도 빈번하다. 그런 일이 없도록 그들을 자주 만나고 주야 상관없이 메신저로 대화에 응해주었다. 주짓수를 잘했던 그는 운동을 통해 에너지를 발산하기 원하는 소년들을 데리고 활동까지 하였다. 그의 노력에 감동한 일부 '학교 밖 청소년'들은 방황을 접고 검정고시를 치르면서 상급학교에 진학하는 모습을 보여주었다.

또 다른 경찰관은 경찰서 학교전담경찰관으로 일하며 얻은 학부모와 학생들의 학교폭력에 대한 생각들을 모았다. 그리고 적절히 대처할 수 있는 방안들을 정리해 책을 내었다. 그는 경찰이 되기 전 여러 공무원 시험들을 준비하며 수험기간이 길었다. 그래서 중앙경찰학교 교육기간 중 '왕언니'로 불렸을 정도로 비교적 늦은 나이에 경찰에 들어왔다. 지구대 첫 적응기의 어려움을 거치고 경찰서 학교전담경찰관에서 본인에 맞는 직업적 정체성을 찾았다. 능력과 가능성을 인정받은 그는 시도경찰청 청소년 선도업무 담당을 거쳐 117 학교폭력 상담센터까지 청소년들과 관련된 부서에 일하고 있다.

한 경찰관은 경찰서 학교전담경찰관으로 일하던 중 초등학교 등교시간에 학교폭력예방 캠페인을 나섰다. 그 경찰서 학교전담경찰관들 모두가 나왔는데 유독 적극적으로 학생들과 하이파이브를 하였다. 학교폭력 하지 말자며 크게 구호를 외치고 홍보 물품도 나눠주었다. 그 모습이 눈에 띄었다. 당시 인천경찰청 아동청소년계장을 하던 나는 경찰서 학교전담경찰관들이 학교 캠페인을 하는 현장에 예고 없이 나가보고는 했다. 그때 그의 적극성에 반했다. 나는 주변 경찰관들을 통해 그의 직무 태도와 능력에 대해 알아보기 시작했다. '행동 하나하나가 그의 모든 것을 말해준다.'는 말은 틀리지 않았다. 다음해 초 정기인사에서 학교폭력 담당자리가 비게 되었다. 그는 시도경찰청 기획 업무 경험이 전혀 없었지만 나는 '현장에서 빛나는 자가 기획도 잘한다.'는 믿음으로 주저 없이 그를 추천했다. 시도경찰청에 온 그는 어느 누구보다도 빠르게 적응하며 자신의 역량을 발휘했다. 본인의 경험이 있기에 경찰서 학교전담경찰관들의 실무적 문의에 속시원히 응답하였다. 광역시교육청과의 직무 교류를 통해 학교폭력 예방을 위한 공동 사업도 원활히 추진했다. 추후 그는 인천경찰청 경위 심사승진 대상자로 뽑히는 영광도 안았다.

우리 아이 학교 가는 길

2017년 인천경찰청장이 갑자기 '우리 아이 학교 가는 길(이하 우아길)'이란 정책을 제안했다. 사실상 지시나 다름없었다. 이 정책의 초점은 초등학교 등교시간에 경찰관들이 초등학교 근처에 진출해 교통사고가 없도록 관리하고 해당 시간에 학교폭력이 없도록 예방하는 것이었다. 사실 초등학교 주변을 보면 작은 골목길, 이면도로, 차도와 보도의 경계가 불분명한 곳들이 많다.

아직 신체적 발달과 자기 보호 능력이 미약한 초등학생들이 이런 곳에서 차량과 부딪치면 적은 속도에도 불구하고 큰 사고로 이어질 수 있다는 것이 청장의 지시 배경이었다. 교통안전계가 주무부서가 되었고 내가 근무하던 아동청소년계가 협조부서가 되어 전격적으로 정책이 시행되었다.

각 경찰서의 교통 순찰차들이 아침부터 초등학교에 배치되었다. 근무자들은 차에서 나와 등교하는 초등학생들이 교통사고를 당하지 않도록 주변 차량의 흐름을 관리했다. 각 경찰서의 학교전담경찰관들도 이 시간대 초등학교에 와 주변을 순찰했다.

하지만 인천에만 500개가 넘는 초등학교들의 안전을 이들만으로 지킬 수는 없었다. 결국 주무부서는 다른 부서 경찰관들도 '우아길' 근무현장에 나와 활동하도록 독려하였다. 나 또한 시도경찰청의 협조부서 계장으로서 이 정책에 직접 참여해야겠다고 생각해 수차례 근무복을 입고 초등학교 근처에 나갔다.

처음 이 근무를 할 때 오랜만에 보람을 느꼈다. 학교에 가겠다고 몸집에 다소 버거워 보이는 가방을 메고 골목길을 오르내리는 아이들의 모습이 한눈에 들어왔다. 경찰로서 이러한 현실을 눈여겨 보지 못하고 있었다는 사실에 반성을 하였다. 이제야 경찰이 필요한 곳에 나와 일하고 있구나 하는 생각도 들었다. 그 생각 때문에 나는 이후에도 주기적으로 초등학교 근처에 나가 우아길에 동참했다. 많은 경찰들이 아침 이른 시간에 동원되기에 불만이 표출된 것도 사실이다. 하지만 엄마, 아빠 손을 잡고 또는 할머니, 할아버지 손을 잡고 등교하는 초등학생들을 보며 진정한 국민 안전의 수호자가 되고 있다는 뿌듯함을 느낀 경찰관들은 우아길을 적극적으로 이끌었다. 비번날마다 우아길을 나오는 경찰관도 있을 정도였다. 한편 우아길 근무를 하는 경찰관들을 보며 안심이 된 부모님들, 그리고 학교 선생님들로부터 감사인사를 받은 경우 또한 많았다. 국민에게 신뢰받는 경찰이란 별다른 것이 없다. 그들이 지지하고 호응하고 감사해하는 활동을 한다면 국민에게 신뢰받게 된다.

아쉽게도 우아길 정책은 지속성을 담보하지 못했다. 워낙 많은 경찰관들이 평일 오전 시간에 동원된 탓에 계속 시행하지 못하고 중단되었다. 마침 경찰 정책의 방향은 이제 인력 투입 위주의 원시적 수준에서 벗어나려 한다. 환경을 안전하게 조성하려 하고 인공지능(AI)과 IT 기술이 집약된 4차 산업혁명의 시대에 걸맞게 첨단화도 지향하고 있다. 지능형 스마트 CCTV의 설치, 보차도 경계석 또는 펜스의 설치와 같은 주변환경 개선이 광범위하게 이루어져야 한다. 차량 통행이 없는 방향으로 후문을 내 학생들의 주 등굣길을 안전한 방향으로 유도하는 등 학교 차원의 관심 또한 필요하다.

하지만 기술이 해결해주지 못하는 부분, 경찰로서 한 명의 인간으로서 눈을 맞추고 소통하며 상호 신뢰를 쌓는 활동은 결국 사람인 경찰관이 해주어야 할 몫이다. 환경 개선과 정비를 통해 안전한 통학로를 확보하고 학교폭력 예방의 인프라를 만들어주면 훨씬 적은 경찰관으로도 효과를 거둘 수 있다. 그러면 제2의 우아길도 재개될 수 있을 것이다.

다시는 아이들 상대로 못된 짓 하지 마요

경찰은 대부분 경찰청이나 경찰서, 지구대 등 경찰관서에서 일을 한다. 하지만 경찰의 도움을 필요로 하는 다른 행정부처에서 사업의 수행을 위해 경찰관 지원을 요청하는 경우 타 부처 근무도 한다. 경찰공무원의 다른 행정부처 파견, 경찰공무원임용령 제30조에 근거한 제도이다.

2005년이었다. 당시 총리 소속 국가기관으로 '청소년위원회'가 발족했다. 청소년 관련 정책 수립, 육성과 보호, 유해매체의 지정과 유해환경으로부터의 예방, 청소년의 성(性)보호 등을 임무로 하였다. 기존의 총리 소속 청소년보호위원회와 문화관광부의 청소년국이 통합되면서 몸집이 커졌다. 이에 당시 위원장은 타 부처의 공무원들을 적소에 파견받아 조직의 안정을 꾀했다. 그 중 하나로 청소년의 성 보호를 주 임무로 하는 청소년성보호팀에 경찰을 파견받았다. 위원장은 이 파견자에게 현장 점검이 아니라 성범죄자의 교육과 관련 행정을 시키고자 했다. 그리고 경찰청장에게 경찰대학 출신 경위를 보내달라고 요청했다. 파견기관에 파견자 조건을 다는 경우는 있지만 입직 경로를 제한해서 요구하는 경우는 거의 없었다. 그 때문인지 지원자는 많지 않았고 나는 운좋게 파견을 가게 되었다.

여담이지만 내 경찰 생활 중 유일했던 타 기관 파견은 후일 내 인생에서 가장 중요한 사람을 맞이하게 했다. 2005년 인천광역시교육청과 청소년위원회가 공동으로 인천의 교장·교감에게 '청소년의 성' 교육을 진행한 적이 있었다. 이때 알게 된 보건 장학사 분과는 경찰로 돌아온 이후에도 연락을 주고받으며 인연을 유지했다. 그런데 그분이 3년 뒤 한 여성을 소개해주셨다. 2008년 3월 인천의 한 고교 보건교사로 막 임용된 그 여성은 첫눈에 나의 가슴을 들뜨게 하였다. 그로부터 7개월 뒤 나는 그 여성을 신부로 맞이했다.

다시 돌아와 2005년 당시에는 청소년위원회에서 청소년을 대상으로 성범죄를 저지른 사람들의 신상을 공개하는 '신상 공개' 제도를 운영 중이었다. 법무부로부터 청소년 대상 성범죄자의 판결문과 정보를 받아 자체 심의를 거친 뒤 고위험군은 신상을 공개했다. 기준 점수 이하의 사람들은 신상 비공개 결정을 내렸다. 하지만 공개자와 비공개자 사이에 또 하나의 그룹을 두어 이들을 저위험군이라 불렀는데, 재범 예방 교육 이수를 조건으로 신상 비공개 결정을 하였다. 반대로 교육을 이수하지 않으면 신상 공개 결정이 되도록 하였다. 나는 이 저위험군에게 교육을 시행하고 그를 위한 사전 행정적 준비도 해야 했다. 내 옆 자리에는 저위험군 교육 파트를 담당하는 사무관 분이 계셨고 그 분의 적극적인 도움을 받아 행정적인 준비들을 해나갔다. 그런데 저위험군이 모두 교육을 받지는 않았다. 신상 공개 파트에서 저위험군을 분류하면 그 대상자들에게 전화를 해 교육을 이수할 것인지 의사를 물어야 했다. 받지 않겠다고 하는 사람은 연 2회 있는 '신상 공개' 대상자로 포함시켰는데 의외로 '그냥 공개하라'며 소위 배짱(?)을 부리는 사람들이 많았다.

내가 오기 전 이 업무를 담당했던 행정 공무원 분들은 저위험군으로 분류된 성범죄자들이 교육을 안 받겠다고 하면 받도록 수차 권유했다고 하였다. 그래서 교육 이수율을 75% 가까이까지 유지했다. 직접적인 성과평가 요소는 아니었으나 연말 부서 평가를 의식해 그리해왔다고 하였다. 내가 업무를 이어받은 후 전화를 돌려보니 역시나 참가 의사를 밝히는 사람들은 2/3 정도에 불과했다. 하지만 나는 교육을 받지 않겠다고 하는 성범죄자에게 더 이상 권유하지 않았다. 통화 중 '교육 안 받으면 신상 공개된다. 그래도 받지 않겠느냐'고 고지하고 이에도 마음을 바꾸지 않으면 바로 그를 신상 공개 대상자 명단으로 넘겼다. 그런데 내 통화 말투가 좀 강경하게 들렸던 모양이다. 팀 내 다른 직원 분이 말했다.

"경찰이시라 그런가 교육 안 받는다면 세게 말하고 넘기시네요."

"애들 대상으로 성범죄 저지른 사람들입니다. 굽히고 들어갈 거 있습니까?"

위원장이 부서 평가에 그런 통계까지 챙기면서 교육 이수율이 왜 낮냐고 질책할 거라면 아예 경찰을 파견받지 않았을 것이라 생각했다. 성범죄자에 강하게 대처하면서 스스로 교육을 이수한 자에게는 그 효과를 높여주기 바란 것이 그 분의 의도일 거라 여겼다. 결국 내가 있을 때 저위험군 교육 이수율은 70%에 약간 못 미쳤다. 하지만 교육 이수율 향상 지시는 위원장, 국장, 팀장 아무에게도 내려오지 않았다.

실제 교육은 상반기, 하반기 모두 저위험군이 분류되고 교육대상자를 결정한 후 약 3개월간 주말에 집중적으로 이루어졌다. 이는 교육을 진행하는 사람 기준이고, 교육이수자 입장에서는 그중 1주(토요일, 일요일) 14시간을 출석하면 교육 이수로 인정되었다. 교육은 청소년 성범죄 관련해 전문성이 있는 관련 단체 상담소장, 정신의학과 의사 등 전문가 분들을 주로 섭외하였다. 그리고 마지막 교육 시간은 내가 직접 들어가 강의를 진행했다. 내 강의 주제는 단순했다.

'다시는 범죄 저지르지 마요. 또 저지르면 교육 기회도 없이 신상 공개됩니다.'

물론 이 강의 주제를 제대로 전달하기 위해 PPT와 각종 영상자료를 폭넓게 활용했다. 그리고 성범죄자 신상 공개 관련해서 우리나라보다 훨씬 강한 제재를 가하고 있는 미국 법제를 공들여 소개했다. 우리나라는 정보 공개의 인권 침해 여부에 민감해서 사실상 신상 공개의 범위가 매우 제한적이었다. 반면 미국은 공개 정보만 가지고도 주변에서 그 사람이 누군지 명확히 알 수 있을 정도로 제도의 효과성을 담보했다. 실제로 성범죄자들이 그 마을을 떠나는 경우가 비일비재했기 때문이다. 한편 강의를 마칠 때에는 이런 말을 꼭 덧붙였다.

"지금은 위원회에 파견 나온 교육 담당자이지만 경찰로 돌아가 여러분을 만날 일이 없기를 바랍니다."

이와 관련해서는 유쾌하지 않은 경험이 있다. 토요일 아침 교육장에 나와 이번 차수의 교육자 명단을 보는데 한 사람의 이름이 낯익었다. 사전에 전화로 교육 의사를 물어볼 때도 본 이름이지만 그때는 동명이인(同名異人)이겠지 했다. 그런데 왠지 그날 아침은 느낌이 좋지 않았다. 난 교육 대상자들이 착석하자 두근거림을 애써 드러내지 않으며 얼굴을 한번 훑어 보았다. 그리고 그의 얼굴을 본 순간 심장이 멎는 듯 했다. 중학교 동창이었다. 성매수자라니 내가 알던 그의 이미지와는 전혀 달랐다. 그가 나를 알아보았는지는 묻지도 않았고 지금도 모른다.

가족을 죽였다고··· 끝까지 파헤친다

2013년 여름이었다. 경찰서 형사과장이 서장실을 수차 들락날락거렸다. 보통 서장 보고는 강력팀장이 들어가는데 형사과장이 직접 드나드는 것을 보니 무언가 심상치 않은 사건이 있음에 틀림없었다. 그러더니 형사들이 29세의 남성을 긴급체포해서 경찰서 유치장에 입감하였다. 당시 나는 경찰서 경무과장이었고 유치인 인권 개선 시범사업의 일환으로 수사과장이 하던 유치장 관리를 넘겨받아 담당하고 있었다. 유치장에서 긴급체포서를 보니 피가 거꾸로 솟았다.

"어머니를 죽였어?"

며칠 전 그 남성이 어머니를 실종 신고했는데, 어머니 행적을 추적 중이던 경찰은 어머니의 생활 반응이 전혀 없는 데다가 남성의 도박빛이 상당함을 파악하고 촉을 발동했다. 우선 단순한 미귀가 사건이 아니라 판단해 실종 신고를 한 남성을 용의자로 지목하였다. 게다가 그에게는 결혼하지 않은 친형이 있었는데 실종 신고되지 않은 친형의 행방 또한 묘연했고 형사들은 이 부분까지 혐의를 두고 있었다. 나는 유치인 보호관들에게 피의자 남성을 유심히 관리해 달라고 주문하였다. 그런데 불과 이틀 뒤 이 남성을 내보내야 한다는 말을 전해들었다. 형사소송법상 긴급체포는 체포 후 48시간 이내 판사에게 구속영장을 청구해야 하고 청구하지 못하거나 영장이 발부되지 않으면 피의자를 석방하여야 한다. 형사과에서는 지방검찰청에 구속영장을 신청했으나 검사가 혐의 소명이 부족하다는 이유로 영장을 청구하지 않은 것이었다.

긴급체포한 자를 풀어주게 되면서 언론들도 상당한 관심을 보이기 시작했다. 인천경찰청장은 경찰서장에게 수사본부 구성을 지시했고 경찰서 강당에 수사본부가 차려졌다. 본부장은 경찰서장, 부본부장은 형사과장이었고 모든 형사들은 비상근무체제에 돌입했다. 수사본부에서는 매일 아침과 밤, 두 번 주기적인 회의가 있었고 이를 통해 수사 진척 사항과 앞으로의 수사 진행 방향 지시 등이 이루어졌다. 실질적으로는 형사과장이 주도했고 경찰서 다른 과장들도 회의에 참석해 사건의 진행 상황을 알 수 있었다. 한편 경무과장은 수사본부의 홍보 담당을 맡도록 되어 있었다. 기자들은 사건수사를 실질적으로 지휘하는 형사과장을 통해 취재를 하였지만 형사과장이 동시다발적으로 걸려오는 전화를 모두 받지 못하는 경우가 많았다. 그 경우 일부 기자들이 내게 사건 관련한 사항을 물었고 내부 보안을 감안해 기본적인 사항들 위주로 답변해주기도 하였다.

수사본부가 사건을 해결할 열쇠는 어머니와 형의 시체 확보에 있었다. 형사들은 차남의 살해를 기정사실화하고 있었지만 살인사건의 가장 확실한 물증, 시체가 어디 있는지 알 수 없었다. 결국은 차남을 다른 증거들로 압박해 시체를 유기한 장소를 알아내야 했다. 그를 위해 경찰은 사건이 있던 것으로 추정되는 날을 전후로 주거지 근처 CCTV들을 면밀히 분석했다. 여기서 평소 장남이 타던 1800cc 승용차를 차남과 그의 부인이 타고 이동한 적이 있음을 확인했다. CCTV로 차량의 움직임을 추적 구성하여 보니 강원도 정선, 경상북도 울진 일대까지 이동했음을 알 수 있었다. 그 차량이 지나간 톨게이트를 통해 차량 통행권까지 입수한 형사들은 지문감식을 의뢰해 차남의 지문도 확보했다. 경찰은 시체유기를 위해 움직였을 것이라 판단했다. 하지만 차남은 단순한 여행이었다고 완강히 부인하는 상황이었다. 차남이 혐의를 인정하기 전까지 CCTV 분석을 토대로 강원도와 경상북도 일대에서 시신 수색 작업이 계속되었다. 과장들도 교대로 현지에 내려가 수색 작업을 지휘했으며 나 또한 경북

울진과 봉화 등지에 내려가 며칠간 수색을 지휘했다. 하지만 광범위하고 울창한 산지에서 시신을 찾는 것은 불가능했다. 피의자의 진술이 꼭 필요했다.

어느날 수사본부 회의 중 강력팀의 경위 한 명이 형사과장에게 새로운 제안을 했다. CCTV상 차량 트렁크를 보면 꽤 내려앉아 보이는데 동일한 차종의 차량 트렁크에 어머니의 체중, 형의 체중에 상당하는 물건을 두고 영상을 찍어 비교해보자고 하였다. 그 안에 어머니의 시체, 형의 시체가 있었다면 비슷한 영상이 나온다는 가정이었다. 그 경위는 대학 후배이기도 해서 학창시절부터 명민함을 알고는 있었지만 듣는 순간 이 제안이 게임 체인저가 될 수도 있으리라 느껴졌다. 역시나 형사과장은 그 제안을 받아들였다. 그리고 실험 결과를 토대로 차남을 압박하자 그는 혐의를 인정했다. 그는 다시 경찰서 유치장에 입감되었고 나는 수시로 유치장에 내려가 그가 자해하지는 않을지 살펴보았다. 다행히 그는 대부분의 시간을 특별한 행동 없이 앉아 있었다.

그런데 놀라운 것은 차남의 부인이었다. 그는 차남과 시체유기를 위해 이동하는 차량에 같이 타고 있었다. 디지털 포렌식을 통해 그들의 카카오톡 대화내용을 복구해보니 어머니의 재산을 물려받기 위해 서류 조작 등을 공모한 내용들이 나왔다. 참고인 조사시 시신 유기장소에 대해 입을 열며 협조를 해주었던 부인은 피의자로 신분이 전환되자 거세게 항의

했다. 그리고 다음날 부인은 집으로 돌아가 극단적인 선택을 하였다. 이 사실은 바로 언론보도되었고 일부 언론들은 경찰의 강압수사 의혹을 제기했다. 일부 언론들은 오히려 부인을 구속 수사하지 않은 것을 지적하는 등 보도 방향도 각기 달랐다. 하지만 형사들은 의연했다. 절차상 문제가 없고 부인의 범행 가담을 확신했기 때문이었다.

부인이 죽은 뒤 차남의 의중이 궁금했다. 나는 유치인 보호관들에게 차남의 관리에 만전을 기해 달라고 주문하고 수시로 유치장에 가 그를 살폈다. 부인의 죽음에도 그는 의외로 별다른 동요를 보이지 않았다. 형사들은 수시로 그를 출감시켜 조사하였는데 이미 부인 등의 진술을 토대로 시신을 찾은 후였다. 게다가 조사 과정에서 자신이 부인에게 가졌던 일상의 신뢰가 허상이었음까지 알게 되자 모의 과정부터 모든 것을 털어놓기 시작했다. 그해 9월말이었다.

확보한 CCTV를 보면 범행 전 둘이 같이 인근 수퍼마켓에 가 범행 도구인 청테이프와 락스 등을 구입했다. 실제 발견된 어머니의 시신은 청테이프로 결박된 상태였고, 형의 시신은 토막난 상태였다. 락스는 화장실에서 시체를 토막내며 생긴 혈흔을 지우는데 주로 사용하였다. 한편 탐문수사 결과 부인의 평소 경제적 씀씀이도 차남이 감당하기 어려운 수준이었음이 드러났다. 차남은 어머니에게 받았던 오피스텔을 담보로 대출을 일으키기도 했는데 이를 통해 경제적 어려움을 메꾸고 본인의 도박에도 사용한 것으로 보였다.

결국 10월 초 수사본부는 패륜범죄를 저지른 차남을 검찰 송치했다. 한 달 넘게 중앙 언론을 장식했던 '인천 모자 살인사건'을 해결한 공로로 경찰서 형사 2명이 특별승진하였고 2명이 특별승급했다. 하지만 이들 뒤에는 한 달 넘게 경찰서에서 숙식을 해결하며 수사를 이끈 형사과장, 비번을 반납하고 매일 사건 수사에 매진했던 강력팀 형사들 모두의 헌신이 있었다. 이후 차남은 무기징역을 선고받고 형이 확정되었다. 하지만 부인은 사망했기에 '공소권 없음'으로 종결되었다. 송치 이후 참모회의에서 모 과장이 '본인의 죗값을 자신의 죽음으로 대신했으니 그래도 다행 아니냐?' 말했는데 이 때 형사과장의 대답이 압권이었다. 지금도 기억이 생생하다.

"살았어야죠. 살아서 판결 받고 감방에서 평생 죗값을 치렀어야죠."

청소년아··· 어린 아이가 무슨 잘못이 있니

2017년 봄, 아직은 다소 쌀쌀한 3월이 거의 다 끝나갈 무렵이었다. 나는 인천경찰청 아동청소년계 직원들과 저녁에 회식을 하고 있었다. 그런데 7시 30분경 '실종 사건 발생 보고'라며 카카오톡으로 사건이 하나 들어왔다. 상황실에서 보낸 것이었다. 그리고 청장, 부장, 과장 등 지휘부 그리고 강력계장, 여성청소년 수사계장, 그리고 아동청소년계장인 내가 수신자로 되어 있었다. 초등학교 2학년 여학생 한 명이 하교 후 젊은 여성 한 명을 따라갔는데 이후 아무런 행적을 찾을 수 없다는 내용이었다. 심각하게 핸드폰을 쳐다보는 나를 보며 실종 예방 업무를 담당하는 동료 경위 분이 옆에서 내 핸드폰 내용을 눈으로 스캔했다. 그리고 그는 여성청소년 수사계 경찰관과 통화를 하더니 우리에게 말을 이었다.

"오늘은 회식이 문제가 아니라 집에 못 들어갈 것 같은데요."

여성청소년과장이 여성청소년 수사계장과 현장에서 만나기로 했다는 이야기를 들었다. 그런데 과장이 덧붙였다는 한 마디는 가슴을 철렁하게 했다. 그는 순경으로 입직해 총경까지 승진하며 다양한 경력과 경험을 가진 분이었다.

"안타깝지만 아이는 이미 문제가 생겼을 것이다. 틀림없다."

사건은 오후 1시쯤 여자 초등학생이 하교하고 집으로 가던 길에 있던 놀이터에서 시작되었다. 친구들과 놀던 초등학생이 부모에게 전화를 걸기 위해 핸드폰을 빌리려 했는데 그 대상은 바로 17세의 여자 청소년이었다. 17세 청소년은 핸드폰 배터리가 방전되었으니 자기 집으로 가서 전화를 하자고 하였다. 그리고는 초등학생을 데리고 아파트 15층에 있는 자기 집으로 데리고 갔다. 이후 초등학생은 보이지 않았다.

어머니는 오후 4시경 경찰에 신고를 하였다. 출동 경찰관은 놀이터에 초등학생의 가방이 그대로 놓여 있었음을 보고 놀이터에서의 행적부터 탐문해 들어갔다. 그리고 한 젊은 여성이 아이를 데리고 아파트로 들어갔음을 알게 되었다. 당연히 CCTV를 돌려보았는데 그 여성이 1층에서 초등학생과 엘리베이터를 같이 타고 13층에서 내렸음을 확인하였다. 지구대 경찰관은 사건의 흐름이 심상치 않다고 느끼고 경찰서 상황실에 진행 상황을 보고하였고, 상황실은 강력팀 및 여청수사팀에 출동이 필요한 사건임을 알렸다. 경찰은 해당 아파트 13층부터 모든 집 초인종을 누르며 CCTV 속 젊은 여성의 사진을 보여주었고, 그 여성이 15층에 산다는 것을 알아냈다. 15층으로 달려간 경찰들은 모든 집의 벨을 누르고 사정을 설명한 뒤 직접 출입하여 집 안을 수색했다. 뒷이야기를 들어보니 당시 경찰들은 무조건 찾아야 한다는 생각에 숨어 있을 만한 곳은 죄다 열고 들추어보았다고 하였다. 결국 해당 여성의 부모를 만날 수 있었는데 그 젊은 여성이 자퇴한 17세의 학교 밖 청소년이고 지금 집에는 없음을 알게 되었다. 부모는 딸에게 전화하여 귀가를 종용하였고 그 사이 경찰은 의외의 장소에서 사건의 중요 증거를 찾게 되었다. 밤 10시가 넘은 시각 장소는 아파트 옥상의 물탱크였고 증거는 살인사건에서 꼭 찾아야 할 시신이었다. 바로 초등학교 2학년밖에 되지 않은 여자 어린이의 토막 난 시신이었다. 실종 예방 담당 경찰과 함께 사무실로 돌아온 나는 상황실로부터 시체가 발견되었다는 전언을 듣는 순간 털썩 주저앉고 말았다. 진행 상황이 이미 어린이의 비극을 알리고 있었지만 애써 믿고 싶지 않았던 것을 믿어야만 하는 순간이었다.

살인 사건의 냄새를 강하게 풍기던 실종 사건은 확실히 살인 사건으로 전환되었다. 초등생 유괴 살인 사건, 피의자는 청소년이었다. 현장은 급하게 달려온 취재기자들과 카메라들로 북적였고 밤늦은 시간에 아랑곳없이 속보가 시시각각 뜨고 있었다. 자정이 되어 17세 청소년은 집에 돌아왔고 형사들은 그를 살인 피의자로 긴급체포했다.

이후 형사과의 수사 결과는 놀라움, 아니 공포 그 자체였다. 살인범은 초등학생 중 한 명을 살해하고자 마음먹고 초등학생 수업 종료 시간을 핸드폰으로 검색한 뒤 놀이터에서 기다리고 있었다. 안타깝게도 핸드폰을 빌리러 온 초등학생을 살해 대상으로 정한 그는 초등학생을 자기 집으로 데려갔다. 그리고 PC 케이블로 목졸라 죽였다. 이후 화장실에서 시체를 토막까지 냈다. 그리고 화장실의 피를 씻어냈다. 토막 시신을 종량제 봉투에 넣은 그는 일부를 아파트 분리수거함에 버리고 다시 집으로 들어왔다. 이미 복장은 피해자와 집으로 들어갈 때와 달라져 있었다. 그리고 아파트 옥상으로 올라가 물탱크 사다리를 타고 물탱크 제일 위에 시신 일부를 버렸다. 다시 집으로 들어간 그는 시신 중 손가락을 챙겼다. 이 시간이 오후 4시쯤이다. 부모님이 경찰에 신고한 그 순간 피해 어린이는 안타깝게도 생을 마감한 뒤였다. 그는 지하철을 타고 서울로 가 19세의 여성을 만났는데 이 여성에게 손가락이 든 봉투를 건넸다. 태연하게 같이 저녁식사도 하였다. 이 19세의 여성 또한 관련자였다. 이들은 인터넷 캐릭터 커뮤니티에서 만난 사이였는데 살해 당일 진행 상황에 대해서 실시간으로 문자를 나눈 대화기록이 재판중에 공개되기도 하였다.

17세의 살인범은 왜 알지도 못하는 초등학생을 죽였을까? 재판에서 공개된 자료들에 의하면 살인범의 변호인 측에서는 자폐성 아스퍼거 증후군 등 정신적 문제를 앓고 있었던 점을 집중 부각하였다. 충동적 살인임을 주장했는데 재판부는 인정하지 않았다. 형법상 정상적인 사물 변별 능력이나 행위 통제 능력이 없는 심신장애로 볼 수 없다는 것이었다.[25] 초등학교 수업 종료 시간을 사전에 검색하였고, CCTV를 의식해 일부러 15층 집이 아닌 13층에서 내린 범인이었다. 집에서 시체를 토막까지 낸 뒤 화장실의 혈흔을 지우려 하여 증거인멸을 시도한 범인이었다. 시체 일부를 분리수거함에 버리러 갈 때 옷을 갈아입어 CCTV상 다른 사람으로 보이고자 하는 등 계획성이 다분한 범인이었다. 그러니 심신장애로 볼 여지는 없다는 결론이 타당했다. 다만 한 시사 프로그램에서는 평상시 살인범이 캐릭터 커뮤니티에서 본인의 캐릭터로 다른 캐릭터를 학대하는 것에 심취하는 등 심각한 공격성을 보였다고 하였다. 그리고 타인의 아픔에 공감하지 못하고 죄책감을 느끼지 않는 등 정신병질의 영향이 있었다고 하였다.

결국 대법원까지 가서 확정된 17세 청소년의 형량은 징역 20년이었다. 20세 여성은 살인방조죄로 징역 13년형을 받았다.[26] 사건의 충격에 비해 17세 청소년의 형이 낮다는 여론이 형성되었지만 이는 소년법상 부과할 수 있는 최고형이었다. 소년법 제59조에 의해 사형 또는 무기징역에 처할 범죄를 저지른 소년은 15년의 유기징역까지만 가능했지만 그나마 특례법상 특정 강력 범죄라는 점 때문에 20년까지가 상한이었다. 사실 이 사건은 2022년 소년범에 대한 처벌 완화의 문제점을 지적한 인기 넷플릭스 드라마의 모티브가 되기도 했다. 사건의 잔혹성, 그리고 잔혹성에 비해 가벼울 수밖에 없는 현재의 법적 현실이 조합되어 그런 듯했다. 과연 소년범에 대한 처벌은 어느 정도가 합당할까?

소년 처벌과 관련하여서는 학자들 사이에서도 팽팽한 의견 대립이 있다. 최근 이 대립에 불을 붙인 것이 촉법소년 연령 상한을 낮추는 문제이다. 2022년 12월 법무부는 범죄소년의 연령 하한을 만 14세 이상에서 만 13세 이상으로 한 살 낮추는 형법 및 소년법 개정안을 발의했다. 자연히 촉법소년의 연령 상한 또한 14세 미만에서 13세 미만으로 낮아지게된다. 현행법상 범죄소년은 형사처벌이 가능하고, 촉법소년은 범법행위를 하였음에도 나이가 어리다는 이유로 형사처벌이 아닌 보호처분만 가능하다. 보호처분에는 감호위탁, 수강명령, 사회봉사명령, 보호관찰, 소년원 송치 등의 처분이 있는데 전과 기록이 남지 않는다. 문제는 일부 촉법소년들이 이를 알고 거리낌 없이 범죄행동으로 나아가는데 있다고 보고 있다. 이에 대해 국회 입법조사처는 신중히 접근해야 한다는 보고서를 내놓은 바 있다.[27] 촉법소년의 강력 범죄가 꾸준히 늘어나는 것이 아니라 증감을 반복하고 있으며 해외 사례에 비추어 우리의 처벌이 가벼운 것은 아니란 이유였다. 사회적 합의 도출이 필요해 보이는 사안이다.

나는 박사과정 중에도 대학으로 이직한 후에도 청소년 문제에 관심을 갖고 논문들을 써왔다. 연령을 몇 세로 하는 것이 적당한가의 문제를 논하기에 앞서 강력범과 경미범의 구분을 명확히 하여 접근을 달리해야 한다고 생각한다. 연령이 어리더라도 강력 범죄를 범했다는 것은 법 준수에 대해 대단히 적대적인 태도, 다시 말하면 법 위반에 대해 대단히 호의적인 태도를 가졌다고밖에 볼 수 없다. 갓프레드슨(Godfredson)과 허쉬(Hirschi)는 어릴 때 형성된 자기통제력이 어릴 때와 소년기의 비행 뿐만 아니라 성인범죄까지 설명할 가장 중요한 원인이라는 일반이론(the general theory)을 주장한 바 있다. [28] 이에 따르면 소년 강력범은 자기통제력이 현저히 결여된 자라 볼 수 있다. 형사처벌할 범죄를 저질렀음에도 보호처분을 하는 핵심 이유는 그의 교화 가능성 때문인데 자기 통제력을 기대할 수 없는 소년 강력범에게 교화를 기대하기란 사실상 어렵다. 그렇다면 강력범은 엄히 처벌하여 사회 방위를 추구하여야 한다. 다만 소년 경미범은 교화 가능성을 충분히 기대할 수 있다고 보기에 다른 접근이 필요하다. 그 부분은 바로 이어서 이야기하고자 한다.

처벌만이 능사는 아니다

　경찰은 법에 '하지 말라'고 규정된 행위들을 한 사람, 즉 죄를 범한 사람을 수사해 법의 심판대에 세워 처벌받게 함으로써 사회 정의를 구현하고자 한다. 그런데 모든 범죄자를 100% 다 처벌해야만 사회 정의가 바로 서는 것일까? 이에 대해 경찰에서도 고민이 있었고 그를 현실화시킨 제도들이 있다. 경미범죄 심사위원회, 선도심사위원회 등이 그러하다.

　범죄학자들은 사회적인 유해성이 덜 하거나 경미하다고 여겨지는 경우 기존에 범죄로 처벌하던 것을 처벌하지 않도록 하자는 논의에 관심을 보여왔다. 이것이 '비범죄화'이다. 국가가 지나치게 처벌로만 재범을 방지하고 사회 방위를 추구해온 것이 아니냐는 정책적 반성의 의미가 있다. 형법은 다른 수단으로 통제되지 않는 최후의 순간에 적용해야 한다는 '형법의 보충성' 원칙도 배경이 되었다.[29] 이러한 비범죄화를 경찰 정책에 적용한 것이 앞서 언급한 제도들이다. 사회적으로 약자의 지위에 있는 자가 생계곤란 등을 이유로 가벼운 범죄를 범한 경우 분명한 범죄임은 인정한다. 하지만 그를 처벌까지 하는 것은 가혹하지 않느냐는 국민적 법감정까지 고려한 것이다.

나는 경찰관 재직 중에는 위원회 내부 위원을 맡았었고, 대학으로 직을 옮긴 후에는 몇 개 경찰서의 외부 위원으로 위촉되어 활동하고 있다. 경미범죄 심사위원회는 말 그대로 경미한 형사범죄를 범한 자가 증거가 명백하지만, 나이가 많거나 장애인이거나 기초생활 수급자인 처지에 있는 등 사회적으로 약자일 때 개최한다. 또는 피해자와 합의하였거나 명백히 반성의 기미를 보이고 있고 재범 가능성이 낮다고 보여질 때 개최한다. 형사처벌을 감경하며 즉결심판 회부 또는 훈방 조치도 가능하다. 즉결심판에 관한 절차법상 즉결심판은 범증이 명백하고 죄질이 경미한 범죄사건을 신속·적정한 절차로 심판하는 것이다. 지방법원, 지원 또는 시·군법원의 판사가 즉결심판 절차에 의하여 피고인에게 20만 원 이하의 벌금, 구류 또는 과료에 처할 수 있도록 규정하고 있다. 경찰서장이 검사 송치를 거치지 않고 바로 판사에게 청구할 수 있는 예외적 제도이기도 하다. 그래서 경찰청은 정말 안타까운 처지에 있고 개선의지가 분명한 범인을 대상으로 적극 활용할 것을 권하고 있다.

경미범죄 심사위원회를 들어가 보면 다중이 이용하는 매장에서 저가의 빵이나 생활용품을 훔친 것이 CCTV에 찍혀 신고되고 수사에 의해 잡힌 경우를 많이 접하고 있다. 분명한 절도 행위이고 증거도 명확하다. 하지만 가해자가 딱한 사정에 있거나 피해자에게 용서를 구하고 합의를 했다는 사정을 들어 경찰서 형사들이 정상적인 송치를 하지 않고 위원회에 회부한 사안들이다. 형사들이 이미 조사 과정에서 판단하였고 그들이 작성한 서류상의 문답에서도 충분한 개선의 여지가 느껴져 주로 '즉결심판 회부' 의견을 내었다.

선도심사위원회는 14세에서 18세까지의 소년범 중 경미한 범죄를 저지른 자에 대해 훈방 또는 즉결심판 회부 조치를 결정한다. 그를 통해 전과자의 양산을 방지하고 실질적인 계도를 함으로써 재범을 하지 못하도록 하려는 목적을 갖고 있다. 범죄 사회학자들은 특히 소년 비행과 관련하여 낙인의 부정적 효과를 강조하였다. 소년 범죄를 비범죄화하는 것은 '낙인효과'를 없애는 것과 깊은 관련이 있다.[30] 소년이 행한 작은 비행 행위들을 범죄로 규정하고 처벌하게 되면 소년은 그 순간 범죄자가 되고 사회 구성원들은 그를 단순 비행 행위자가 아닌 범죄자로 '낙인'을 찍게 된다. 낙인이 찍힌 소년은 사회에서 더 이상 설 자리가 없음을 느끼고 자포자기의 심정으로 범행의 세계에 깊이 들어가게 된다. 이것이 낙인효과이다. 처벌로 낙인을 찍어 소년을 전업 범죄자로 나아가게 두기보다는 우리 사회의 구성원으로서 올바르게 살아갈 수 있는 기회를 주자는 뜻에서 선도심사위원회가 탄생했다. 주로 경찰서 형사과 또는 여성청소년과 수사관들이 조사 중 가해 소년이 저지른 범죄가 경미하고 피해자와 합의하는 등 용서를 구하였다고 판단되면 이 위원회에서 심사를 해달라고 부의한다. 그러면 나는 기록상 전과를 우선 본다. 또 소년범 조사시 전문가로 참여한 범죄심리사와의 면담 결과를 본다. 동종(同種) 범죄의 전과가 없고, 비행성 예측 자료표에 재범 가능성이 낮다고 판단되었으면 '즉결심판 회부' 처분 결정을 해왔다. 스스로 반성하고 나아질 것이라 기대하기 때문이다.

최근 선도심사위원회를 참석하면서 느낀 일이다. 이 위원회에 부의되는 사건 중 절도가 상당수를 차지하는데 요새 부쩍 무인 상점 절도가 늘어났음을 체감한다. 범죄예방과 관련해 코헨(Cohen)과 펠슨(Felson)이 주장한 '일상활동이론'에 의하면 범죄는 일상생활 중 범죄를 할 기회를 포착함으로써 발생한다고 한다. 그리고 범죄발생 가능성을 높이는 요소 중 하나로 '범행대상의 보호능력이 없을 것'을 들고 있다. [31]

상점 주인이 없다는 사실은 소년들에게 범죄를 할 수 있는 기회로 인식되었다. 또 학용품이나 아이스크림과 같은 범행대상을 지킬 보호능력자가 없는 상황이라고 인식되었다. 그런 요소들이 소년들의 범행으로 연결되었다. 하지만 상점 내부에는 엄연히 CCTV가 있다. 주인들이 녹화영상을 보고 경찰에 신고하면 검거는 시간문제이다. 검거된 소년들은 상점 내부의 CCTV는 보았지만 내가 상점을 벗어나기만 하면 잡히지 않을 것이라 생각하였다고 했다. 하지만 경찰은 상점 CCTV에서 절도 소년의 인상착의를 확보한 뒤 상점 인근의 CCTV를 확인해 그 소년의 이동경로를 추적한다. CCTV를 피해 집까지 들어가기는 사실상 불가능하다. 이후 인근 학교, 주민 탐문을 통해 소년의 신상을 확인하면 잡히지 않을 재간은 없다.

여담으로 선도심사위원회에서도 가해 소년이 피해자와 합의했는지 여부를 조치 결정의 고려 요소로 본다. 최근 무인 상점 피해자 측에서 본래 절도 물품의 가액보다 수십 배에 이르는 액수를 합의금으로 제시하는 경향이 있음을 알게 되었다. 원 물품가액이 1만 원 이하인 경우가 많아 합의금의 절대 액수도 엄청나지는 않지만 씁쓸했다. 아직 사회에서의 주요 역할이 결정되지 않은 소년들의 앞길을 막지 말자고 위원회를 열어 교화의 기회를 주는 것이다. 그런데 소년들의 앞길을 막지 않는 대가로 어른들이 수십 배의 합의금을 제시하는 것 또한 우리 사회의 이면이었기 때문이다.

마지막으로 선도심사위원회는 가해 소년의 처분만 다루지는 않는다. 피해 소년에 대한 보호와 지원의 중요성을 인식하고 그 부분까지 영역을 확대하였다. 피해 소년 중에서도 경제적 곤란이 심하거나 정신적 어려움이 있다고 판단되면 경찰관들이 역시 위원회에 부의하여 이들에 대한 지원 결정을 구하고 있다. 피해 소년 지원 안건을 접하면 마음 아픈 경우들이 많다. 경제적으로 곤궁해 생리대와 같이 기본적인 생필품조차 사지 못하는 청소년, 학교폭력 등의 피해를 입고 정신적 어려움이 커져 정상적인 생활이 잘 되지 않는 청소년들의 사연을 접한다. 생필품 지원 결정을 하고, 지역에서 봉사활동에 관심이 있는 정신의학과 의사분과 협조하여 진료를 받게 하는 등의 조치를 논의해왔다.

이때 경찰서 선도업무 담당 경찰관, 학교전담경찰관들의 마음이 빛난다. 많지는 않지만 경찰 예산으로 최대한 필요한 물품을 지원해주고 싶어했다. 하지만 부족한 때도 생겼다. 그래도 이들은 포기하지 않고 자치단체를 찾아갔으며 지역의 청소년 단체를 접촉하여 필요한 물품이 지원될 수 있게 했다. 나는 그러한 에너지의 동력을 오로지 그들의 마음 깊은 곳에서 우러난 '측은지심(惻隱之心)'이라고밖에 설명할 수 없다. 남의 어려움을 불쌍히 여기는 선한 마음, 그 따뜻한 마음만 있다면 얼마든지 '나보다 어려운 사람을 도울 수 있는 사람', 그들이 바로 경찰이다.

참고문헌

1) 도모노 노리오 저, 이명희 역, 『행동 경제학』, 지형, 2011. p.57.

2) 김수아, 「대학생의 자기 성장을 위한 기질과 성격의 이해」, 융합교육연구, 9(1), 2022, pp.16-18.

3) 윤정인, 『인성개발 실천노트』, 윤성사, 2022, pp.15-16.

4) 김형훈, 「경찰관 무기사용의 법리와 형사책임: 2003년 벽두의 창원지법 진주지원 판결을 지켜보면서」, 경찰학연구, 4, 2003, p.4.

5) 박선영, 『Dream 경찰면접』, 맑은샘, 2022, pp.36-40.

6) 법률저널, "주관식 폐지…올해 경찰간부후보생 필기시험…체감난도는", 2022. 7. 31자

7) , "경찰대 힘빼기 통했나… 첫 편입학 경쟁률 '30대1' 그쳐", 2022. 9. 6자.

8) 뉴시스, "경찰발전위, '경찰대 개혁' 구체화…폐지·입직시험 등 검토", 2023. 1. 10자.

9) 오세연 등 3인, 『경찰관리론』, 윤성사, 2018, pp.95-96.

10) 임창호 등 3인, 『최신경찰학』, 자운, 2022, p.190.

당신은 경찰에 어울리는 사람입니다

11) 신현기, 『경찰인시관리론』, 법문사, 2016, p.40.

12) 경찰미래비전위원회, 「경찰 미래비전 2050」, 경찰청, 2022, p.292.

13) 인사혁신처 홈페이지 내 2023년 직종별 공무원 봉급표, https://www.mpm.go.kr/mpm/info/ resultPay/bizSalary/2023/, 2023. 1. 31. 검색

14) 경찰청 인터넷 원서접수 홈페이지 내 2022년 제2차 경찰공무원(순경) 공개경쟁채용시험 공고, https://public.jinhakapply.com/PoliceV2/data/view/notice_view2.aspx?CurrentPage=1&ServiceID=19&ReturnSite=SC&CategoryID=11&QANdx=134225, 2023. 2. 5. 검색

15) 신현기, 『경찰조직관리론』, 법문사, 2018, p.70.

16) 황정용·장승수, 「경찰의 물리력 수단 사용 기피원인에 관한 분석」, 경찰학연구, 22(1), 2022, pp.5-33.

17) 김양현, 「메타버스 시대의 도래에 따른 경찰 과제에 관한 고찰」, 융합과 통섭, 5(3), 2022, p.261.

18) 오세연, 「메타버스 기반 경찰 교육훈련모델 구축 방안에 관한 연구」, 한국재난정보학회지, 18(3), 2022, p.89.

19) KBS, "실탄 위력의 10%…'저위험 권총' 효과적 진압 무기 될까?", 2022. 10. 23자.

20) 주간동아, "입는 로봇, 노령화 업고 매년 47% 성장", 2020. 2. 1자.

21) SBS BIZ, "구글, '챗GPT' 대항마 공개… '어프렌티스 바드' 공식 발

표", 2023. 2. 7자

22) 송진순, 「지역경찰의 인공지능 챗봇 도입을 통한 공공소통 증진과 신뢰도 향상 방안 연구」, 경찰학연구, 22(1), pp.260-261.

23) 박노섭, 「국내 리걸테크의 현실과 미래(치안현장 맞춤형 R&D 사업)」, 경찰 법집행의 절차적 정당성과 치안의 과학화 관련 학술대회 자료집 中, 2023.

24) 임준태 등 4인, 『범죄예방론』, 대영문화사, 2021, p.124.

25) 대법원 2018. 9. 13. 선고 2018도7658, 2018전도54, 55, 2018보도 6, 2018모2593 판결

26) 조선일보, "'인천 초등생 살인사건' 주범 김양 징역 20년 확정", 2018. 9. 13자.

27) 연합뉴스, "촉법소년 연령 하향, 실효성 의문…국회서 종합 검토해야", 2023. 1. 21자.

28) 김준호 등 3인, 「낮은 자기통제력과 사회적 유대요인 간의 상호작용에 관한 연구」, 제5회 한국청소년패널 학술대회 논문집, 2008, p.120-121.

29) 옥필훈, 『범죄학과 형사정책』, 진영사, 2019, p.21.

30) 이순래 등 10인, 『현대사회와 범죄』, 청목출판사, 2020, p.130.

31) 이윤호, 『범죄학』, 박영사, 2021, p.388.